DIA A DIA - DEVOCIONAL

Experimentando a liberdade
em Cristo dia a dia

DIA A DIA - DEVOCIONAL

Livre!

*Experimentando a liberdade
em Cristo dia a dia*

BETH MOORE

Originally published in English under the title
Breaking free Day by day: a year of walking in liberty
Copyright © 2007 by B&H Publishing Group
One LifeWay Plaza, Nashville, TN 37234, Nashville, TN 37234-0188 USA
All rights reserved.

Coordenação editorial: Dayse Fontoura
Tradução: Marília Costa Pessanha Lara
Revisão: Dayse Fontoura, Lozane Winter, Rita Rosário, Thaís Soler
Projeto gráfico: Audrey Novac Ribeiro
Diagramação: Denise Duck
Capa: Audrey Novac Ribeiro

Dados Internacionais de Catalogação na Publicação (CIP)

Moore, Beth
Livre! — Experimentando a liberdade em Cristo dia a dia
Tradução: Marília Costa Pessanha Lara – Curitiba/PR, Publicações Pão Diário.
Título original: *Breaking free Day by day: a year of walking in liberty*

1. Libertação   3. Vida cristã
2. Mulheres   4. Meditação e devoção

Proibida a reprodução total ou parcial sem prévia autorização por escrito da editora. Todos os direitos reservados e protegidos pela Lei 9.610, de 19/02/1998. Permissão para reprodução: permissao@paodiario.org
Exceto quando indicado o contrário, os trechos bíblicos mencionados são da edição Nova Versão Transformadora © 2016, Editora Mundo Cristão.

Publicações Pão Diário
Caixa Postal 4190
82501-970 Curitiba/PR, Brasil
publicacoes@paodiario.org
www.publicacoespaodiario.com.br
Telefone: (41) 3257-4028

Código: DT149
ISBN: 978-65-86078-84-8

1.ª impressão 2021

Impresso na China

DEDICATÓRIA

Às pessoas maravilhosas da
Igreja Batista de Franklin Avenue [Nova Orleans, EUA],
meu lar fora de casa. Jamais conseguirei
considerar a mensagem de **Livre!** *sem relacioná-la*
a vocês. Palavras são insuficientes para expressar
minha gratidão por participarem
tão amorosamente dessa visão.

Vocês cativaram o meu coração!

*O Espírito do Senhor Soberano está sobre mim,
pois o Senhor me ungiu para levar
boas-novas aos pobres. Ele me enviou para consolar
os de coração quebrantado e
para proclamar que os cativos serão soltos
e os prisioneiros, libertos.*

ISAÍAS 61:1

INTRODUÇÃO

Bem-vinda a *Livre!*

Jamais escrevi algo que significasse tanto para mim quanto o conteúdo deste livro. E por ser tão precioso para mim, o meu profundo desejo é que ele se torne precioso a você também.

Aos 18 anos, eu me rendi ao chamado de Deus para o ministério vocacional. Alguns anos mais tarde, Deus falou algo assim ao meu coração: "Eu enviei meu Filho para libertar os cativos. Então, vá e ecoe o som dessa liberdade". Que pensamento amável! Até mesmo poético para uma romântica como eu, mas isso soou assustadoramente evangelístico para uma jovem que estava completamente convicta que seu chamado era na área de discipulado.

Ah, como eu podia achar que os únicos cativos nesta geração eram os espiritualmente perdidos? Para confirmar esse fato, Deus começou a trabalhar em meu próprio coração de dentro para fora. Eu não tinha ideia de que eu mesma era uma prisioneira até que Deus começou a me libertar.

É por isso que estou inquieta por você e por sua liberdade. Meu anseio é que você se junte à destemida multidão que está se libertando!

À medida que prosseguirmos durante este ano juntas, precisarei desafiá-la. Refletiremos sobre muitas chaves bíblicas para a liberdade nos dias que virão, mas não espere encontrar nestas páginas alguma poção mágica. A liberdade verdadeira exige esforço verdadeiro. Uma parte essencial desse esforço envolve a Palavra de Deus. Devemos guardar Sua Palavra em nosso coração para não pecar contra Ele (SALMO 119:11).

Por isso, insisto que você não passe rapidamente pelos versículos bíblicos que introduzem as breves mensagens diárias. Esses trechos das Escrituras são cruciais! Você deve lê-los, meditar sobre eles e procurá-los em sua própria Bíblia para estudar o seu contexto. Creio que a Palavra de Deus traz liberdade — Sua Palavra encarnada através de Sua Palavra escrita.

Veja um pouco do que descobriremos este ano. Veremos como a escravidão veio sobre os reis e o povo de Israel da antiguidade — e como a verdadeira liberdade vem através do Rei dos reis. Encontraremos os benefícios da vida cristã que possibilitam a liberdade. Compreenderemos como o Pai deseja favorecer cada um de Seus filhos e identificaremos os maiores obstáculos que impedem o caminho para essa liberdade.

Ocasionalmente, pedirei que você avalie a sua vida, sabendo que, ao se deparar com algumas ruínas antigas e feridas no coração, você começará a encontrar a liberdade que Deus promete. Veremos como fortalezas [mentais] lançam raízes profundas na vida dos que creem, e também entenderemos que Deus deseja exceder os nossos melhores sonhos, trazendo-nos a um lugar de obediência que é duradouro, para um amor que não desvanece ou falha, e de genuína liberdade que só pode crescer à luz do Seu infalível amor.

Essa é a promessa de Deus para você, para ser descoberta e experimentada *dia a dia!*

1º DE JANEIRO

*Esta é a terra que prometi sob juramento
a Abraão, Isaque a Jacó, quando disse:
"Eu a darei a seus descendentes".*

DEUTERONÔMIO 34:4

Como Moisés, este ano escalaremos alturas para contemplar a Terra Prometida, a terra de liberdade e esplendor. Porém, diferentemente dele, poderemos não apenas vê-la, mas alcançá-la e viver nela.

Então venha logo! Venha ao lugar de liberdade. O lugar onde verdadeiramente conhecemos e confiamos em Deus. O lugar onde buscamos a Sua glória e esquecemos a nossa. O lugar onde a satisfação da nossa alma vem do Único que pode satisfazê-la verdadeiramente. O lugar onde experimentamos Sua paz independentemente do que o mundo possa lançar à nossa frente. O lugar onde Sua presença é nosso desejo constante e alegria diária.

2 DE JANEIRO

Pois dei descanso aos exaustos
e alegria aos aflitos. JEREMIAS 31:25

Você consegue pensar em algo a que se dedicou bastante para conquistar, mas que não lhe trouxe a satisfação que você esperava? Podemos facilmente ser levadas a um tipo de cativeiro quando buscamos outras respostas para necessidades e desejos que somente Deus pode atender. Talvez nós todas tenhamos experimentado um profundo vazio interior, que nos esforçamos para ignorá-lo ou para preenchê-lo com algo além de Deus.

Uma parte crucial da concretização da nossa liberdade em Cristo é permitir que Ele preencha os espaços vazios em nossa vida. A satisfação em Cristo pode se tornar realidade. Ele pode fazer com que nos sintamos completas. Não estou falando de uma vida cheia de atividades. Estou falando de uma alma plena de Jesus.

3 DE JANEIRO

*...todo o meu corpo anseia por ti
nesta terra seca,
exausta e sem água.*

SALMO 63:1

O que você costuma fazer quando está com fome ou com sede? Normalmente procura pelo que atende à sua necessidade. Se ignorar suas necessidades físicas por certo tempo, você não ficará apenas infeliz; ficará doente.

Você pode reconhecer facilmente os sinais que seu corpo emite pela necessidade de nutrição e alimento, mas há grande sabedoria em aprender a discernir os sinais que sua natureza espiritual dá. O sintoma mais óbvio de uma alma carente da satisfação que encontramos em Deus é a sensação de vazio interior — a consciência de um "espaço oco" em seu âmago — uma incapacidade de se sentir satisfeita. Permita que esse desejo a leve ao seu Salvador.

4 DE JANEIRO

Ele será seu firme alicerce e lhe proverá farto suprimento de salvação, sabedoria e conhecimento.

ISAÍAS 33:6

Vidas obedientes fluem de dias obedientes, e vidas vitoriosas fluem de dias vitoriosos. Da mesma maneira, vidas frutíferas fluem de dias frutíferos, edificadas no firme fundamento de Jesus Cristo.

Quando foi a última vez que você sentiu que tudo em sua vida estremecia exceto sua estabilidade em Cristo? Amo pensar que Deus é nossa estabilidade, e você? As palavras de um conhecido hino ecoam em minha alma: "A minha fé e o meu amor / Estão firmados no Senhor / Estão firmados no Senhor" [CC 366]. Os benefícios de Deus incluem os tesouros diários de Sua força e firme fundamento.

5 DE JANEIRO

Pois o Senhor não rejeitará o seu povo;
não abandonará os que lhe pertencem.

SALMO 94:14

Qualquer coisa que tenha chegado a nós pela nossa herança familiar e que iniba a total expressão da liberdade que devemos usufruir em Cristo é uma prisão. Esses jugos podem ser causados por relacionamentos partidos, vidas arruinadas por uma perda ou tragédia, ou antigas brigas de família e ódios herdados. Precisamos examinar quais áreas de devastação ou derrota estão em nossas linhagens familiares há gerações.

Contudo, tenha certeza de que a cruz do Calvário pode libertá-la de todo jugo. A Palavra de Deus pode tornar a libertação uma realidade palpável, não importando o que aqueles que o antecederam lhe legaram como "herança".

6 DE JANEIRO

...a beleza de um espírito amável e sereno,
tão precioso para Deus.
1 PEDRO 3:4

Como sou grata pela liberdade que Deus tem me concedido gradativamente em Cristo. Estou passando pelas lutas da meia-idade. Uma amiga costuma dizer: "O tempo é um excelente médico, mas um péssimo esteticista" —, entretanto nunca estive tão feliz e tão satisfeita como agora. O segredo? Estou aprendendo a me enxergar bela aos olhos de Cristo.

Sem Cristo, toda mulher tem intensas inseguranças. A não ser que encontremos nossa identidade no Senhor, nós, mulheres cristãs, podemos ser tão propensas à insegurança sobre a nossa aparência quanto as incrédulas. Para Cristo, a pessoa mais linda da face da Terra é aquela que se prepara para encontrar o Noivo.

7 DE JANEIRO

Portanto, irmãos, suplico-lhes que entreguem
seu corpo a Deus [...]. Que seja um sacrifício vivo
e santo, do tipo que Deus considera agradável.

ROMANOS 12:1

Para sermos libertas em Cristo, temos alguns sacrifícios a fazer. Desde que seja algo que Ele nos peça — não por nossa culpa ou tendências legalistas —, qualquer sacrifício será aceito por Deus como agradável. Ele o abençoará.

Temos medo de fazer sacrifícios. Mas a ironia é que também fazemos vários sacrifícios quando *não* estamos caminhando na vontade de Deus. Quantas coisas nós já dedicamos no altar do reino de Satanás? Será que já não estamos fazendo sacrifícios quando nos encontramos fora da vontade de Deus, abrindo mão de tudo o que deveria ser nosso em Cristo?

8 DE JANEIRO

Voltou para o acampamento de Israel e gritou:
"Levantem-se! O Senhor entregou
o exército midianita em suas mãos!".

JUÍZES 7:15

Deus deseja remover todas as dúvidas sobre quem traz a vitória em nossa vida. Ele fez isso com Gideão de modo dramático. Você provavelmente conhece o relato histórico de como esse homem reuniu seu exército. Os inimigos eram numerosos como gafanhotos, mas Deus disse que o exército de Gideão era maior. Então Ele conduziu Gideão ao que seria a primeira grande redução de contingente. Por fim, Ele reduziu seu exército de 32 mil para 300 homens.

Da mesma maneira, nenhuma dose de determinação vai trazer-nos liberdade. Aprenderemos a ser vitoriosas quando submetermos nossa vida completamente ao Espírito de Deus, não quando nos esforçarmos arduamente.

9 DE JANEIRO

Pois eu o seguro pela mão direita,
eu, o Senhor, seu Deus, e lhe digo:
"Não tenha medo, estou aqui para ajudá-lo".

ISAÍAS 41:13

Para Deus, está tudo bem se, às vezes, você morrer de medo. Ele identifica nossos medos e inseguranças. Sinto que de vez em quando o Espírito de Deus me diz: "Sabe, Beth, entendo que você não esteja muito feliz quanto a isso. Eu compreendo que você esteja chorando por isso. Filha… chore, soluce, o que for, mas faça a minha vontade. Faça a minha vontade! Eu tenho a vitória para você".

Então, mesmo que esteja com medo de muitas coisas, não tenha receio de permitir que Deus faça a Sua obra em você, olhando para o recôndito mais profundo de seu coração. Ao injetar liberdade em sua vida, Ele lhe ensinará a viver vitoriosamente.

10 DE JANEIRO

Deem glória ao Senhor, seu Deus,
antes que as trevas venham sobre vocês,
antes que ele os faça tropeçar e cair
nos montes sombrios.

JEREMIAS 13:16

O rei de Judá, Uzias, seria lembrado como o maior rei entre Davi e Cristo exceto por uma coisa: o pecado do orgulho tornou-se sua ruína. Ele usurpou um papel reservado exclusivamente aos sacerdotes, queimando o incenso no santo lugar no Templo de Deus. Como consequência, Deus o feriu com lepra. Ele havia sido um homem bom, mas, ao final de sua vida, tudo o que as pessoas diziam dele era: "ele é um leproso".

O orgulho pode levar à prisão. Ele se torna um obstáculo que todo cristão enfrenta no caminho para libertação. O que você aprenderá com a queda de outros?

11 DE JANEIRO

Humilhem-se diante do Senhor,
e ele os exaltará.

TIAGO 4:10

Pouco tempo, atrás decidi comprar uma Bíblia nova. A minha antiga parecia ter sido colocada na lava-louças no modo "lavar panelas". Comentei com meus colegas de trabalho que deixaria a Bíblia nova no escritório até me acostumar com ela e que continuaria usando a minha antiga quando fosse falar em algum lugar.

Enquanto as palavras saíam dos meus lábios, o Espírito Santo parecia sussurrar ao meu ouvido: "Para mim, isso parece orgulho". Ele tinha razão. Eu não queria ter dificuldade para achar um texto na frente de outras pessoas. Verdadeiramente, a estratégia mais efetiva do inimigo para impedir os cristãos de serem cheios do Espírito é mantê--los cheios de si mesmos.

12 DE JANEIRO

*O amor consiste em fazer
o que Deus nos ordenou.*

2 JOÃO 1:6

Como a liberdade em Cristo torna-se uma realidade na vida? *Obediência!* Obediência à Palavra de Deus. A resposta certa à Palavra de Deus é a nossa passagem para o trem da liberdade. A Palavra de Deus é a lei perfeita que traz liberdade.

Sei que às vezes podemos estar presas demais até mesmo para considerar vivermos em obediência. Queremos que Deus de alguma maneira, agite uma varinha de condão sobre nós e magicamente remova todo obstáculo sem exigir nada de nós. Mas, se Deus simplesmente fizesse isso e quebrasse todo nosso jugo sem a nossa cooperação, logo pegaríamos um novo jugo. Não podemos seguir em frente sem obediência.

13 DE JANEIRO

*Portanto, ele é capaz de salvar de uma vez
por todas aqueles que se aproximam de Deus por
meio dele. Ele vive sempre
para interceder em favor deles.*

HEBREUS 7:25

Para a liberdade em Cristo ser realidade em nossa vida, precisamos aprender a andar livres, independentemente das pessoas ao nosso redor. Temos que andar somente com Ele, pois necessitamos mais do que um líder humano em nossa caminhada para a liberdade. Precisamos do Salvador — Aquele que nos salva continuamente.

Se você for como eu, certamente consegue se lembrar de vários desastres em potencial de que Cristo a livrou desde do início de sua experiência de salvação. Apesar de precisarmos ser salvas somente da separação eterna de Deus uma vez, Cristo continua Sua obra de salvação em nós ao longo de nossa vida.

14 DE JANEIRO

Este é meu Filho, meu Escolhido.
Ouçam-no!
LUCAS 9:35

Muito antes de um visionário ter "descoberto" que o mundo era redondo, Deus era entronizado acima da cúpula da Terra. Muito antes de os primeiros bilhões de dólares serem investidos em explorar o espaço, Deus, com Suas próprias mãos, havia estendido os Céus. Antes que houvesse qualquer início, Deus já havia planejado o fim.

Às vezes, tudo o que precisamos para curar nossos egos inflados é uma forte dose de Deus. Como Pedro no monte da transfiguração, podemos ficar tão envolvidas em nós mesmas e nos tabernáculos que queremos construir, que perdemos a nova revelação da glória de Deus bem diante dos nossos olhos.

15 DE JANEIRO

Durante o dia, as pessoas
podem andar com segurança.
Conseguem enxergar,
pois têm a luz deste mundo.

JOÃO 11:9

Se nós conseguíssemos olhar para trás em nossa vida e identificar as pegadas do nosso caminho até aqui, veríamos que às vezes voltamos a visitar antigos ressentimentos e hábitos. De vez em quando, escolhemos seguir nosso próprio caminho ou nos lançamos no caminho de outra pessoa que nos parece mais atraente. Em outros momentos, simplesmente paramos, pois não conseguimos abrir mão de algo significativo para nós.

"Veja, Pai, até que fizemos um bom trabalho apesar de não ter caminhado com o Senhor todos os dias, não é mesmo?" Ele lhe dá um abraço apertado, sorri e diz: "Sim, minha filha, até que deu certo. Mas veja bem: *dar certo* nunca foi o melhor que eu tinha em mente para você".

16 DE JANEIRO

Pois o salário do pecado é a morte,
mas a dádiva de Deus é a vida eterna
em Cristo Jesus, nosso Senhor.

ROMANOS 6:23

Existem somente duas opções: podemos ser servas do Deus amoroso ou escravas do pecado. Uma terceira porta existe somente em programas de auditório na TV. Por sermos criaturas, seremos dominadas por um mestre. Então, a questão é: "Quem será seu mestre?".

Isso significa que devemos obedecer a Deus simplesmente por Ele estar no comando? Na verdade, a minha primeira motivação para buscar viver em obediência a Cristo é crer absolutamente que Ele é o Único que tem o direito de governar e também é o Único que governa corretamente. De todo meu coração, eu creio que Deus é sempre bom, está sempre certo e me ama de maneiras que não posso compreender.

17 DE JANEIRO

O ladrão vem para roubar, matar e destruir.
Eu vim para lhes dar vida,
uma vida plena, que satisfaz.

JOÃO 10:10

Acredito que praticamente toda garotinha tem pelo menos quatro sonhos: 1) casar, 2) ser linda, 3) ser mãe e 4) viver feliz para sempre.

Meninos têm sonhos não muito diferentes desses. Eles também querem um relacionamento significativo e ser considerados atraentes. Meninos desejam um legado e certamente desejam ser felizes para sempre.

E, enquanto Satanás deseja destruir nossos sonhos, Deus deseja nos levar além deles. Ele nos permite sonhar para que possamos desejar a Sua realidade.

18 DE JANEIRO

*Por certo, tenho visto a opressão do meu povo
no Egito. Tenho ouvido seu clamor
por causa de seus capatazes.*

ÊXODO 3:7

Deus ouve o clamor do oprimido. Ele ouve até os gritos daqueles cuja opressão é resultado do seu próprio pecado e rebelião. Jamais devemos descrer que Deus se interessa por aqueles em prisões físicas, emocionais, mentais e espirituais. Ele se importa mais com a nossa liberdade do que nós mesmas.

Quer os israelitas padecessem sob seus feitores no Egito, quer continuassem na escravidão por causa da desobediência e idolatria, Deus tinha em mente libertá-los. Enquanto o Sol continuar nascendo todas as manhãs, Deus continuará se dispondo a libertar Seus filhos.

19 DE JANEIRO

Os povos do mundo verão todo o bem que faço
por meu povo e tremerão de espanto diante
da paz e da prosperidade que lhes dou.

JEREMIAS 33:9

Deus não minimiza as coisas que afligem o nosso coração. Ele não nos olha com desprezo, pensando em como somos melindrosas por nos magoarmos. Se nossa cabeça está tão "nas nuvens" que nos desconectamos das dificuldades da vida, estamos perdendo algo que é prioridade para Cristo. Deus nos deixa andar descalças no chão ardente deste mundo para que possamos crescer mediante nossas dores, não ignorando-as ou nos recusando a seguir o caminho através delas.

Então renda sua dor ao Senhor. Não retenha nada e convide-o a realizar milagres a partir da sua tragédia. Seja paciente e conheça-o mais através do processo da cura.

20 DE JANEIRO

*Ele me enviou para consolar os de coração
quebrantado e para proclamar que os cativos serão
soltos e os prisioneiros, libertos.*

ISAÍAS 61:1

Quando penso em prisões, normalmente imagino cargas de vitimização ou traumas vindo da infância, visto que o jugo formado em minha infância foi o principal cativeiro que precisei combater. A maioria de nós, sem perceber, limita a sua visão a respeito da opressão às prisões que experimentou pessoalmente. Mas Cristo veio para libertar os cativos independentemente de qual seja o jugo sobre eles. Ele veio para juntar os cacos dos aflitos, não importando o que tenha abatido seus corações. Ele veio para abrir os olhos dos cegos, não importando o que tenha invalidado sua visão.

21 DE JANEIRO

Mente nenhuma imaginou o que Deus
preparou para aqueles que o amam.
1 CORÍNTIOS 2:9

Você experimenta os benefícios de seu relacionamento aliançado com Deus através de Cristo? Ou os benefícios que você encontra na Bíblia parecem pensamentos entusiastas, mas confusos? Deus estendeu graciosamente estes cinco privilégios a nós:

1. Conhecê-lo e crer nele,
2. Glorificar a Deus,
3. Encontrar satisfação em Deus,
4. Experimentar a Sua paz,
5. Usufruir da Sua presença.

Essas cinco dádivas servirão como um mapa que a guiará de volta à casa sempre que você for aprisionada e levada para longe.

22 DE JANEIRO

Como você é feliz, ó Israel!
Quem é como você, povo salvo pelo Senhor?
DEUTERONÔMIO 33:29

Temo que tenhamos nos tornado tão legalistas em vários de nossos círculos cristãos que removemos a palavra *feliz* de nosso vocabulário "religioso". Mas às vezes Deus simplesmente me deixa tão FELIZ! Pode me chamar de imatura, mas me imagine sorrindo agora.

Sim, eu sei que há pessoas passando fome do outro lado do mundo. Preocupo-me profundamente com os que sofrem e oro por outras nações todos os dias. Mas eu também aproveito um momento feliz com Jesus quando ele acontece. A felicidade é inapropriada quando ela é nosso objetivo, mas não quando é uma dádiva momentânea de Deus para nós. Abra-a. Aproveite-a. E lembre-se dela quando os tempos forem difíceis.

23 DE JANEIRO

Pois somente eu sou Deus; eu sou Deus,
e não há outro semelhante a mim.

ISAÍAS 46:9

Tornamos a vida muito mais complicada quando pensamos que tudo se trata "da gente". O restante do mundo nunca coopera. Ninguém faz o que queremos. Quando nos vemos como o centro do Universo, vivemos uma frustração constante porque o resto da criação se recusa girar ao nosso redor.

A vida fica muito mais simples e o contentamento muito maior, quando começamos a entender nossos papéis incríveis. Deus é Deus. Da nossa perspectiva, tudo se trata dele. Ele é o centro do Universo. Nós buscamos agradá-lo. Ele busca nos aperfeiçoar — e a vida acontece. Não sem sofrimento, mas definitivamente com propósito.

24 DE JANEIRO

Feliz é o povo que ouve o alegre chamado
para adorar, pois andará na luz
de tua presença, SENHOR.
SALMO 89:15

Quando meu querido paizinho teve um derrame, fui com ele na ambulância. Os paramédicos foram incríveis e, apesar de eu ser muito grata ao que eles fizeram naquele momento de crise, não trocamos telefones ou combinamos de almoçar.

Às vezes, nos dirigimos a Deus do mesmo modo. Ele resolve nossa emergência, e nós ficamos gratas. Mas não necessariamente mantemos contato logo após o problema resolvido. Entretanto, não é na crise que realmente desenvolvemos apreço pela presença de Deus. O apreciar genuinamente a presença divina surge do caminhar diário, mais nas coisas corriqueiras do que nas miraculosas.

25 DE JANEIRO

*Tua palavra é lâmpada para meus pés
e luz para meu caminho.*
SALMO 119:105

No dia a dia, quando caminhamos lado a lado com Cristo, Sua sabedoria e conhecimento são derramados sobre nós pouco a pouco — a sabedoria sendo a aplicação do conhecimento, saber o que fazer com o que conhecemos.

O salmo citado acima apresenta uma bela imagem disso. A Palavra de Deus é uma "lâmpada para meus pés", orientando os passos que estou dando neste exato momento. E é também uma "luz para meu caminho", um guia para meu futuro próximo. A Palavra de Deus lança luz sobre o nosso andar presente e nosso futuro imediato para que saibamos quais passos dar. Mas, para obter instruções sobre o futuro mais à frente, precisamos verificar com Ele diariamente.

26 DE JANEIRO

*Que o próprio Senhor da paz lhes dê paz
em todos os momentos e situações.*

2 TESSALONICENSES 3:16

Não há como eu enfatizar demais a importância da paz como uma dádiva verdadeira e prática da nossa aliança com Deus. A Sua paz não deve ser uma surpresa intermitente, mas a regra frequente de nossa vida.

No versículo citado acima, o apóstolo Paulo destacou a natureza essencial da paz. Você percebe o quão crucial ele considerava a paz? "...em todos momentos e situações".

A paz é possível em toda situação, mas nós não podemos produzi-la conforme nossa necessidade. Na verdade, não podemos produzi-la de maneira alguma. Ela é fruto do Espírito. Se já recebemos a Cristo, a paz de Deus já nos foi concedida.

27 DE JANEIRO

Tragam de volta meus filhos e filhas,
desde os confins da terra.
Tragam todos que me reconhecem como seu Deus,
pois eu os criei para minha glória.

ISAÍAS 43:6,7

A glória de Deus não apenas reflete quem Ele é. Sua glória é a maneira pela qual Ele se torna conhecido ou demonstra que é poderoso. Ele deseja se revelar a nós. Cada maneira com que Ele cumpre essa tarefa divina é a Sua glória. E esta é a forma dele revelar para nós quem Ele é.

Assim, eu creio que, quando a Bíblia declara que fomos criadas para a glória de Deus, isso significa que Ele deseja se fazer reconhecível *para* nós e *por* nosso intermédio. Ele deseja ser visto em nós em tudo o que fizermos. Viver de forma que o glorifica é sinônimo de viver de forma que revela Deus.

28 DE JANEIRO

Esse amor não tem medo,
pois o perfeito amor afasta todo medo.

1 JOÃO 4:18

Você já teve medo que alguém deixasse de amar você? Eu não somente tive esse medo, mas experimentei isso! Deus cuidadosa e graciosamente permitiu que alguns dos meus medos se tornassem realidade para eu descobrir que não desintegraria quando isso acontecesse. Deus me ensinou a sobreviver no Seu infalível amor. Não foi agradável, mas foi transformador!

A única coisa sem a qual nem você nem eu sobreviveríamos é perder o amor de Deus. Essa é única perda que jamais precisaremos sofrer, pois o Seu amor dura para sempre. É por isso que a Bíblia diz que "o perfeito amor afasta todo medo".

29 DE JANEIRO

Mas o amor do SENHOR por aqueles
que o temem dura de eternidade a eternidade.

SALMO 103:17

Poucos prisioneiros têm apoio de pessoas do lado de fora durante um longo período de encarceramento. A maioria das pessoas rapidamente esquece que os prisioneiros existem. Eles são os párias da nossa sociedade.

A mesma tendência aparece entre os cristãos. As nossas melhores igrejas tendem a acolher o cativo inicialmente, mas se aquela pessoa não se "endireita" rapidamente, ela provavelmente será logo desprezada.

Num contraste gracioso, Deus está conosco até que sejamos livres, Ele nunca nos abandona. O Senhor é o único que não se afasta pela profundidade e extensão das nossas carências.

30 DE JANEIRO

Ó Senhor, tu és tão bom, tão pronto a perdoar,
tão cheio de amor por todos que te buscam.

SALMO 86:5

Talvez você seja amada por alguém que não demonstra muito. Muitas pessoas têm dificuldade em demonstrar afeto, mas lembre-se de que Deus não é um de nós.

Inerente à natureza do Seu amor — ambas palavras para o amor de Deus, *chesed* (hebraico) e *ágape* (grego), significam demonstração de afeição.

Como Deus é amor, Ele não consegue deixar de demonstrá-lo, mesmo que às vezes Ele opte por ocultá-lo por meio da disciplina. Deus nos ama através de bênçãos, da oração respondida, da exortação amorosa, do cuidado constante, da intervenção divina e muito mais.

31 DE JANEIRO

Que vocês experimentem esse amor,
ainda que seja grande demais para ser inteiramente
compreendido. Então vocês serão
preenchidos com toda a plenitude de vida e
poder que vêm de Deus.

EFÉSIOS 3:19

Quando você recebeu a Cristo, o Espírito de Deus veio habitar em sua vida, desejando permear cada centímetro de seu coração e preencher cada lugar vazio com a plenitude de Seu amor.

Deus tem o que você precisa. Somente o amor dele é infalível, e Ele deseja inundar sua vida com esse amor. A plenitude divina não é algo que acontece apenas uma vez, como a nossa salvação. Para viver vitoriosamente todos os dias de nossa vida, precisamos aprender a derramar nosso coração diante de Deus, confessar diariamente o pecado para que nada ofusque o Senhor, identificar cada lugar vazio em nosso ser e rogar a Deus que Ele os preencha completamente!

1º DE FEVEREIRO

*Pai, quero que os que me deste
estejam comigo onde estou.*
JOÃO 17:24

A Palavra de Deus é repleta de declarações do Seu amor por você. Ele deixou Seu amor por você escrito na Bíblia, para que você nunca precisasse esperar por um telefonema. Você pode ouvir Deus dizendo que a ama toda vez que abrir a Sua palavra. Quando não estiver se sentindo digna de ser amada, mergulhe nas declarações do infalível amor divino por você!

De fato, Deus pensa em você constantemente. Para mim, o paraíso será o Céu porque Ele estará lá, mas *Ele* pensa que será o Céu porque *você* estará lá. Não importa a hora da noite que você estiver rolando na cama sem conseguir dormir, Deus pensará em você.

2 DE FEVEREIRO

Levamos cativo todo pensamento rebelde
e o ensinamos a obedecer a Cristo.
2 CORÍNTIOS 10:5

O alvo de Deus para nossos pensamentos é que aprendamos a pensar como Cristo. Deus raramente nos libertará de pensamentos controladores ou opressores retirando-os instantaneamente da nossa mente. Ele raramente faz lobotomia. Se simplesmente esquecêssemos a causa de nossas algemas, poderíamos também esquecer de louvar ao Senhor pela libertação.

Mas, antes que possamos controlar esses pensamentos e tirá-los de nossa mente, eles devem se tornar pensamentos centrados em Cristo — enquanto ainda estão em nossa mente. Os testemunhos mais enriquecedores vêm de pessoas que Deus tornou plenas e que ainda se lembram de como era estar arruinado.

3 DE FEVEREIRO

*Pois o SENHOR, seu Deus,
vai com vocês. Ele lutará contra seus inimigos
em seu favor e lhes dará vitória.*

DEUTERONÔMIO 20:4

Não nos tornamos vitoriosas ao conquistar o inimigo, mas por nos rendermos a Cristo. Não nos tornamos vitoriosas pela nossa independência do inimigo, mas pela nossa dependência de Deus.

A estrada para liberdade é paradoxal. Para experimentar vitória e liberdade, precisamos nos tornar prisioneiras. Precisamos desenvolver mentes que estejam cativas a Cristo. Nesta vida, o momento em que mais somos livres é quando a nossa mente está mais vinculada a Ele. Pessoas vitoriosas vêm de pensamentos vitoriosos. Pensamentos vitoriosos vêm de colocar o nosso foco no Deus vitorioso.

4 DE FEVEREIRO

*Então conhecerão a verdade,
e a verdade os libertará.*

JOÃO 8:32

Nossa falta de sinceridade quanto a nossa insatisfação com a vida cristã, impede-nos de fazer as perguntas certas: Por que penso que a vida cristã é incompleta? Como posso me sentir mais satisfeita? Por não sermos honestas dentro do círculo dos que creem, o inimigo nos tenta a procurar respostas fora de Deus.

Assim, não apenas a verdade *de Deus* é uma necessidade absoluta para nosso progresso rumo à liberdade completa, mas a *nossa* sinceridade também é. O Salmo 51:6 diz que Deus deseja a verdade e a integridade do nosso íntimo. Combinados, estes dois canais — a verdade de Deus e a nossa sinceridade — nos levam ao nosso almejado destino.

5 DE FEVEREIRO

O que se deseja ver num homem é amor perene.
PROVÉRBIOS 19:22 (NVI)

A palavra de Deus revela a resposta para a nossa maior necessidade psicológica e emocional, sintetizando isso em uma frase: precisamos de amor perene.

Por favor, preste atenção nisso! *Todo ser humano deseja amor perene.* Amor exuberante. Amor focado. Amor radical. Amor com que se possa contar. O motorista de táxi, o encanador, o corretor de ações na bolsa, a modelo, a atriz, o andarilho, o traficante, o professor de escola, o programador de computadores, o cientista que cria foguetes, o médico, o advogado, o presidente e o presidiário, todos anseiam pela mesma coisa: amor perene.

6 DE FEVEREIRO

*Você não percebe que eu poderia
pedir a meu Pai milhares de anjos para me proteger,
e ele os enviaria no mesmo instante?*

MATEUS 26:53

Jesus obviamente tinha o poder para ordenar que o chão se abrisse e engolisse Seus opositores, mas jamais fez isso. Creio que Ele se conteve porque confiava na soberania de Seu Pai. Em tempos difíceis, nós também precisamos confiar na soberania de Deus.

Isso significa que, se Ele permitiu que algo difícil ou chocante acontecesse para algum de Seus filhos, Ele planeja usar isso de maneira poderosa — se esse filho permitir. Deus não planejou que Judas fosse um ladrão e traidor, mas usou esse discípulo enganador para completar uma obra muito importante na vida de Cristo. Satanás manipulou Judas, mas Deus, no final das contas, transformou essa situação para realizar Sua boa obra.

7 DE FEVEREIRO

Ali ele nos ensinará como devemos viver
e andaremos em seus caminhos.

MIQUEIAS 4:2

Quanto mais conhecemos a Deus, mais confiamos nele. Quanto mais confiamos nele, mais sentimos Sua paz quando os ventos de tempestade nos golpeiam e o mundo não nos oferece qualquer defesa.

Recentemente, divertir-me no mercado com o rótulo de uma loção que afirmava ser eficiente no combate ao estresse. Ouvi um bebê chorando no corredor ao lado. Tive um breve impulso de oferecer um pouco daquela loção para a pobre mãe que empurrava o carrinho com um "pacote" não convencional, mas temi a possibilidade de um pouco dessa ação antiestresse ser lançada sobre mim! O mundo simplesmente não consegue providenciar uma solução real e duradoura para as pressões desta vida.

8 DE FEVEREIRO

Não vivam preocupados com coisa alguma; em vez disso, orem a Deus pedindo aquilo de que precisam e agradecendo-lhe por tudo que ele já fez.

FILIPENSES 4:6

Para experimentar a paz em todas as circunstâncias, a Bíblia nos desafia a desenvolver uma vida de oração ativa e autêntica (ou, como gosto de chamar, "polpuda"). Oração substancial de verdade — pensamentos originais fluindo de um coração individual, pessoal e íntimo.

Com frequência fazemos tudo, menos orar. Queremos algo mais "robusto". Estudar a Bíblia, ir à igreja, conversar com o pastor ou receber conselhos parece a nós mais tangível do que a oração. Porém, agora é a hora de remover a pedra da falta de oração do nosso caminho, pois esse é o obstáculo mais impeditivo na trajetória do cristão rumo à vitória.

9 DE FEVEREIRO

*A este eu estimo: ao humilde e contrito de espírito,
que treme diante da minha palavra.*

ISAÍAS 66:2 (NVI)

Você consegue imaginar ser uma daquelas pessoas que o Senhor Deus respeita ou olha com favor, alguém que Ele "estima"? Que pensamento maravilhoso! Mas para remover o orgulho que nos afasta da plena amizade com Deus, precisamos perceber que este sentimento é um inimigo implacável. Já a humildade é uma amada amiga.

Com frequência nossa sociedade olha para a humildade bíblica como um sinal de fraqueza. Nada poderia estar mais distante da verdade. Encher-se de orgulho é fácil, acontece bem naturalmente. A humildade, por outro lado, exige uma reserva de força sobrenatural conferida somente a quem é forte o suficiente para admitir fraqueza.

10 DE FEVEREIRO

Permaneçam em mim, e eu permanecerei em vocês
JOÃO 15:4

Todo rio tem uma nascente e uma foz. Rios dependem e são sempre conectados a outras fontes d'água. Semelhantemente, a paz que flui como um rio vem de uma conexão contínua com a nascente do alto, Jesus Cristo. Isso é um lembrete apropriado de que esta vida no fim desembocará na gloriosa vida eterna.

A vida presente não é o nosso destino. Aleluia! Nós que conhecemos a Cristo podemos nos mover sobre rochas e às vezes por corredeiras, passando por lugares estreitos e vales largos até o destino celestial. Até lá, submetermo-nos a Cristo é a chave para permanecer intencionalmente conectadas com a nossa Fonte do alto.

11 DE FEVEREIRO

Agora, portanto, já não há nenhuma condenação
para os que estão em Cristo Jesus.

ROMANOS 8:1

Você pode estar imaginando como uma pessoa pode identificar se a vida dela está ou não glorificando a Deus. Por favor, não se sinta desalentada se já questionou esse fato sobre você mesma. Deus nunca lança luz sobre nossas fraquezas e limitações para nos condenar. Pelo contrário, Ele nos torna conscientes de nossas insuficiências para que possa nos libertar!

Nenhuma de nós glorifica a Deus consistentemente em tudo o que diz ou faz, mas ainda assim podemos experimentar libertação genuína em Cristo. Ele deseja fazer mais por seu intermédio do que tudo que você ouviu, viu ou imaginou. Assim, à medida em que você for progredindo, certifique-se de olhar para trás e render toda glória a Ele. Pois é isso que o glorifica!

12 DE FEVEREIRO

Que podemos dizer diante de coisas
tão maravilhosas? Se Deus
é por nós, quem será contra nós?

ROMANOS 8:31

Deus tem o direito de ser autoridade absoluta. Ele é Deus, o Criador dos Céus e da Terra, o supremo autor de tudo o que existe. Ele reina sobre todos, e nele todas as coisas existem. Ele é o Senhor, o Mestre e Dono de todos os seres criados. Ele é quem estabeleceu e mantém a aliança. Ele é santo.

Como Senhor, Ele nunca pedirá de nós algo que não seja certo, bom ou que não possa ser exposto. Ele é perfeito e incorruptível. Ele é também o nosso Redentor, Aquele que nos comprou do feitor do pecado para que pudéssemos experimentar a vida abundante. Ele nos comprou para nos libertar.

13 DE FEVEREIRO

Preparem o caminho! Tirem do meio da estrada as rochas e as pedras, para que meu povo passe!
ISAÍAS 57:14

Nos dias de Isaías, os vilarejos se preparavam por semanas para a visita de seu rei. Os trabalhadores abriam um caminho e pavimentavam uma estrada para prover um acesso mais fácil à comitiva real. Se o rei não encontrasse o caminho adequadamente preparado, ele passaria ao largo daquele vilarejo e não abençoaria o povo dali.

Nós também devemos assumir essa tarefa. Sim, encontramos obstáculos que precisam ser removidos, mas nós temos a aprovação e a bênção do Rei inigualável em nosso favor. Não precisamos ficar na dúvida se Ele pode ou deseja nos libertar das amarras que impedem a vida abundante. A questão é se nós estamos prontas ou não para cooperar e preparar o caminho para o nosso Libertador.

14 DE FEVEREIRO

Pois, ainda que os montes se movam
e as colinas desapareçam,
meu amor por você permanecerá.

ISAÍAS 54:10

A Palavra de Deus usa a expressão *amor leal* 32 vezes, e nenhuma delas é atribuída a pessoas. Cada vez que essa frase é usada, ela se refere a Deus e a Ele somente. Mesmo que o amor de outras pessoas possa ser intenso e significativo, somente o amor de Deus é infalível.

Ele não é somente a resposta para milhares de necessidades, mas também para milhares de desejos. Ele é nosso principal anseio em tudo na vida. Ó, Deus, desperte nossa alma para vermos que tu és o que desejamos, não só o que precisamos. Sim, és a proteção de nossa vida, mas também o elo do nosso coração. Sim, a salvação de nossa alma, mas também o júbilo de nosso coração. Amor leal — o amor que jamais nos abandonará.

15 DE FEVEREIRO

[Jesus] lhes perguntou:
"Vocês creem que eu posso fazê-los ver?".

MATEUS 9:28

À s vezes, Deus cura doenças físicas, no entanto, em outras ocasiões, Ele escolhe ser glorificado mais ainda por meio da enfermidade. Ele sempre pode curar doenças no corpo, mas nem sempre opta por trazer cura nesta Terra.

Entretanto, as Escrituras são absolutamente claras quanto ao desejo de Deus de que cativeiros espirituais sejam quebrados. A vontade de Deus para nós é que o conheçamos e creiamos nele, que o glorifiquemos, que sejamos satisfeitas por Ele, experimentando nele a paz e o contentamento. Para que possamos cooperar com Deus ao máximo no percurso da libertação, devemos crer que Ele está pronto para agir, deseja nosso bem e é completamente capaz de realizar a Sua vontade.

16 DE FEVEREIRO

E, se ainda assim não quiserem ouvir,
chorarei sozinho por causa de seu orgulho.
JEREMIAS 13:17

Perceba que o orgulho se disfarça com frequência. Conheço pessoas, por exemplo, que pensam estar afastadas demais para serem salvas — ímpias demais, pecadoras demais. Essas pessoas ficariam chocadas se alguém lhes contasse que até essa atitude é uma forma de orgulho. Elas pensam que seus pecados ou problemas são maiores do que Deus.

O orgulho é uma grande pedra no meio do caminho para a liberdade. O tamanho desse pedregulho varia de acordo com o quanto cada pessoa luta com isso. Mas para podermos prosseguir, Deus precisa nos fortalecer para removermos esse obstáculo, tirando-o da nossa estrada para liberdade.

17 DE FEVEREIRO

*Tal pessoa se alimenta de cinzas
e engana a si mesma, confia em algo que em nada
pode ajudá-la. E, no entanto, não é
capaz de perguntar: "Será que este ídolo que
tenho em mãos não é uma mentira?".*

ISAÍAS 44:20

Quantas vezes me alimentei de cinzas ao invés de usufruir do banquete da Palavra vivificadora de Deus? Quantas vezes meu coração enganoso me ludibriou? Quantas vezes já tentei salvar a mim mesma?

Agora mesmo, eu poderia prostrar o meu rosto em terra e louvar a Deus por toda a eternidade por finalmente ter acordado e dito: "Isso que tenho em mãos é uma mentira". Lembro-me de algo em particular ao qual me apeguei como se minha vida dependesse daquilo.

Amada, qualquer coisa a que nos apeguemos para nos trazer satisfação é uma mentira — exceto Cristo. Ele é a Verdade que nos liberta.

18 DE FEVEREIRO

*Então vocês experimentarão a paz de Deus,
que excede todo entendimento e que guardará
seu coração e sua mente em Cristo Jesus.*

FILIPENSES 4:7

Para esclarecer o impacto desse versículo, decidi parafraseá-lo sob uma perspectiva negativa. A receita para a paz se tornou uma receita infalível para a ansiedade. O resultado ao qual cheguei é este:

"Não fique calma com coisa alguma, mas pense constantemente em relação a tudo, e considere que Deus está implicando com você, com pensamentos de 'é assim que você me agradece?', apresente suas preocupações para todos que você conhece menos para Ele. E a gastrite nervosa, que excede toda azia por intolerância à lactose, causará uma úlcera, e as contas do tratamento vão lhe causar um infarto, e você vai enlouquecer de vez".

19 DE FEVEREIRO

Concentro todos os meus esforços nisto:
esquecendo-me do passado
e olhando para o que está adiante…

FILIPENSES 3:13

P enso que muitos cristãos bem-intencionados tiram de contexto essa exortação de "esquecer-se do passado", aplicando-a como um mandamento de Deus e das Escrituras para nunca olhar para o passado.

Mas não é isso que Paulo está dizendo. Ele está falando dos troféus que ele precisou abandonar para seguir a Cristo. A Palavra de Deus claramente expressa que o passado pode ser um bom e eficiente professor.

O passado será um bom professor se nós o enfrentarmos como boas alunas, da perspectiva do que podemos ganhar e como Deus pode usar isso tudo para a Sua glória.

20 DE FEVEREIRO

"Vocês são testemunhas de que eu sou Deus",
declara o Senhor.
"Desde os dias mais antigos eu o sou."

ISAÍAS 43:12,13 (NVI)

Quando estava na segunda série, minha filha Ananda exemplificou uma verdade sobre a centralidade de Deus. Ela estava me contando sobre ter orado por um assunto aquele dia na escola. Eu disse: "Ah, Amanda, você sabia que a mamãe fica muito feliz que você tenha tornado Deus parte do seu dia?".

Nunca me esquecerei a resposta dela: "Você é tão engraçada, mamãe. Você sabe que Deus fez o dia. Eu fico feliz que Ele tenha me feito parte do dia dele!".

Fiquei em choque. Ela expressou, em sua fé infantil, o sentido do maravilhoso nome de Deus, o "Ancião de Dias" (DANIEL 7:22).

21 DE FEVEREIRO

As mulheres mais velhas [...] devem
ensinar o que é bom. Devem instruir as mulheres
mais jovens a amar o marido e os filhos.

TITO 2:3,4

Se vivermos tempo suficiente, todas nós nos tornaremos estéreis. Deveremos admitir que nossa produtividade findou? Sobreviveremos até a morte somente à base de memórias e grandes porções de fibras? Se for assim, por quê a infertilidade chega para todas as mulheres por volta dos 50 anos? Deveríamos passar os próximos 30 ou 40 anos sentadas, cruzando nossos braços com artrite? Deus é prático demais para isso!

Quando mulheres mais velhas derramam sua vida sobre mulheres mais jovens e seus filhos, estão dando à luz a uma nova geração espiritual. Mulheres mais experientes são uma necessidade no Corpo de Cristo. Deus nos chama para sermos frutíferas e multiplicar até que Ele nos leve para casa.

22 DE FEVEREIRO

Vejam, escrevi seu nome na palma de minhas mãos;
seus muros em ruínas estão sempre em minha mente.

ISAÍAS 49:16

Certa vez, ouvi um psicólogo infantil cristão comentar sobre a necessidade de algum conflito e disputa de poder com adolescentes. Ele explicou que dificuldades precisam surgir naturalmente quando crianças se tornam jovens adultos, ou os pais não conseguiriam "ajudá-los" a sair do ninho e a se tornarem independentes. Ele dizia: "Se o vínculo que temos com os filhos desde que eram bebês não mudasse, jamais conseguiríamos deixá-los ir".

Por toda a nossa vida, entretanto, Deus mantém por nós o sentimento intenso que pais tem por seus bebês, pois Ele nunca precisa nos deixar partir! Ele não está nos preparando para *sair* de casa, mas para *chegar* em casa!

23 DE FEVEREIRO

*Podem os mortos voltar a viver? Assim eu teria
esperança durante todos os meus anos de luta
e aguardaria a libertação que a morte traz.*

JÓ 14:14

Ainda bem que a perda de algo ou alguém querido não determina o fim da vida abundante, realizada ou mesmo feliz de um cristão. Esses atributos podem ficar suspensos pelo tempo de processar o luto, mas aqueles que permitem que Cristo restaure seus corações abatidos voltam a experimentá-los. Nosso Salvador é o Deus da ressurreição e vida, independentemente de qual tipo de morte tenha sobrevindo ao fiel.

Quando nosso coração encontra-se estilhaçado pela perda e tristeza, temos a oportunidade de receber um poder sobrenatural em nossa vida — o poder de reviver nesta Terra mesmo quando desejamos morrer.

24 DE FEVEREIRO

*Pois Deus conheceu de antemão os seus
e os predestinou para se tornarem
semelhantes à imagem de seu Filho.*

ROMANOS 8:29

A vida do cristão não tem nada a ver com a mesmice. Sempre há alguma mudança. É por isso que devemos aprender a sobreviver e a florescer de novo quando a mudança envolve uma perda arrasadora. Estamos sendo moldadas à semelhança de Cristo.

Sempre que seu coração estiver sangrando de sofrimento e perda, não se esqueça que Cristo o restaura e o segura com Suas mãos perfuradas pelos cravos. A vida nunca será a mesma, mas você é convidada por Cristo a renascer para uma nova vida — de mais compaixão, sabedoria e produtividade. E, sim, até mesmo uma vida melhor. Parece impossível? Sem Cristo, é impossível mesmo.

25 DE FEVEREIRO

*Pois o Senhor é o Espírito, e onde está
o Espírito do Senhor, ali há liberdade.*

2 CORÍNTIOS 3:17

Começo cada dia com a Palavra de Deus. Em algum momento no meio do meu tempo matinal com Deus, peço que Ele satisfaça todos os meus anseios e preencha todos meus vazios com Seu amor generoso e infalível. Isso me liberta de desejar a aprovação de outros e exigir que outros "encham a minha taça". Assim, se alguém se dá ao trabalho de demonstrar amor por mim, isso me acrescenta. Posso apreciá-lo e usufruir dele, mas não é algo de que eu dependa emocionalmente.

Percebe como o amor de Deus traz liberdade? Não somente somos libertas; podemos libertar os outros da necessidade de nos impulsionar o tempo todo. Onde o amor extravagante do Espírito de Deus está, ali há liberdade!

26 DE FEVEREIRO

*E, no entanto, ele sabe aonde vou; quando ele
me provar, sairei puro como o ouro.*

JÓ 23:10

Não importa há quanto tempo temos caminhado com Deus, ainda há dias que parecem sombrios. É nestes momentos que Deus nos diz para confiar em Seu nome e depender de quem Ele é.

Então, permita que o versículo acima seja bênção sobre sua vida quando você não souber o que fazer. Quando sentir que perdeu seu caminho, respire fundo e tenha coragem! Ele sabe para onde você deve ir. Fique parada, clame por Ele, pedindo que venha em seu encontro. Ele a guiará a partir dali.

E quando você enxergar a luz novamente, conseguirá olhar para trás e perceber as pegadas que deixou enquanto caminhou através do breu da noite. O Senhor segurará sua mão muito mais firme quando estiver lhe conduzindo pelo escuro.

27 DE FEVEREIRO

Livra teu servo dos pecados intencionais!
Não permitas que me controlem.
Então serei inculpável e inocente de grande pecado.

SALMO 19:13

Em tese, tudo que a sabota e a desvia daquilo que Deus tem para você pode ser considerado pecado. Digo isso com compaixão, mas preciso dizê-lo visto que, por vezes, não percebemos o quanto Satanás se aproveitou de nossas emoções normais e saudáveis. Facilmente, vemos o adultério, o roubo e o assassinato como pecado, mas com frequência não percebemos que o pecado pode também ser algo que permitimos crescer entre nós e o cumprimento da obra de Deus.

Então, o primeiro passo para a liberdade é concordar com a Palavra de Deus sobre suas próprias fortalezas. A mulher cristã que ainda se curva ao inimigo em seus pensamentos não pode ser plenamente liberta do cativeiro.

28 DE FEVEREIRO

E essa justiça trará paz;
haverá sossego e confiança para sempre.

ISAÍAS 32:17

A obediência à autoridade de Deus não acontece da noite para o dia a nenhuma de nós. Ouvi um dos pregadores que mais admiro dizer (surpreendentemente, citando Nietzsche) que a vida do discípulo exige "longa obediência numa mesma direção".

Estamos nós sobrecarregadas somente com sacrifícios nesta nossa longa obediência, e nada mais? Dificilmente. Ah, é claro, a obediência a Deus normalmente nos impede de seguir nosso próprio caminho, a não fazer o que bem entendemos. Mas se a paz é o fruto da justiça, então a alegria é o extrato desse fruto! Afinal, a alegria fluirá da obediência e poucas coisas exibem o esplendor de Deus de maneira tão cativante!

29 DE FEVEREIRO

Caminha pelas ruínas assustadoras da cidade;
vê como o inimigo destruiu teu santuário.

SALMO 74:3

Você já deve ter olhado para seu passado e encontrado somente razões para ficar com mais raiva ou mais deprimida. Eu entendo. Já fiz exatamente a mesma coisa. Então aprendi a diferença entre reconstruir e preservar.

Lembrei-me disso quando estive em Acrópole, em Atenas. Nosso guia estimava quanto dinheiro era investido por ano para "preservar as ruínas". Nós fazemos o mesmo em nossa vida. Ao invés de nos unirmos a Deus para reconstruí-la, nós somente a revisitamos e preservamos. Nunca vamos além disso. Isso, de fato, é o melhor que conseguiremos fazer, enquanto não conseguirmos voltar lá atrás acompanhadas de Deus, nosso único e verdadeiro Restaurador.

1º DE MARÇO

Não há Deus como tu [...]. Tu guardas
a tua aliança e mostras amor leal àqueles que
andam diante de ti de todo o coração.

1 REIS 8:23

Já estive e voltei de alguns extremos com Deus. Entretanto, se tivesse que definir meu relacionamento com o Senhor em apenas uma frase, eu diria que Ele é a maior alegria da minha vida. Eu não apenas o amo, amo amá-lo. Render meu coração a Deus não é um sacrifício. Eu não saberia dizer isto de outra maneira: Ele é perfeito para mim.

Hesito em compartilhar essas coisas, pois fico incomodada só de pensar que o meu relacionamento com Deus pode soar como orgulho. Por favor, ouça o que digo de coração: a maior alegria da minha vida é justamente o que menos mereço. Absolutamente, isso é um presente da graça. Ainda assim é um presente que o Senhor estende com alegria a qualquer um que oferecer seu coração a Ele.

2 DE MARÇO

*O Senhor está perto dos que têm o coração
quebrantado e resgata os de espírito oprimido.*

SALMO 34:18

Você se lembra de quando perdeu seu primeiro dente de leite?
Pedalou pela primeira vez? Sobreviveu ao primeiro dia na
escola? Essas foram experiências monumentais, embora talvez
você não se lembre delas. Mas, e se eu perguntasse sobre a primeira
experiência que feriu seu coração, provavelmente você se lembraria de
tudo — até os mínimos detalhes. De alguma forma, o coração partido
se sobressai sobre todo o restante.

Por isso, uma das principais razões pelas quais Deus enviou Seu
Filho a este mundo foi para trazer consolo e cura aos que foram feridos
em seu coração. Restaurar os abatidos é uma de Suas maiores
prioridades.

3 DE MARÇO

Se vocês caminham na escuridão,
sem um raio de luz sequer, confiem no Senhor
e apoiem-se em seu Deus.

ISAÍAS 50:10

Não temos como escapar de batalhas na vida cristã. Satanás não tira folga por se comportar adequadamente. Cada dia pode trazer problemas, mas todo dia temos um bendito Pacificador. Satanás busca nos destruir, acusar e condenar. Devemos diariamente voltar nossa face para Cristo e fixar nosso olhar na face dele, seguindo-o passo a passo até a vitória. Sim, você e eu, ocasionalmente, acabaremos nos desviando do trajeto, mesmo que queiramos muito caminhar em obediência. Somos peregrinas com pés de barro. Porém, não importa quão longe você tenha ido, o retorno sempre tem um percurso mais curto. Pois a luz do Senhor nos guiará de volta ao caminho.

4 DE MARÇO

Você é linda, minha querida, como você é linda!
Seus olhos por trás do véu são como pombas.
CÂNTICO DOS CÂNTICOS 4:1

No mundo oriental, a face da noiva sempre ficava coberta por um véu. A remoção do véu era uma das partes mais íntimas da noite de núpcias.

Quando Cristo finalmente vir a face de Sua bela noiva, a Sua amada, Ele não ficará desapontado. Você será uma linda noiva. A intimidade que compartilharemos com Ele está além da nossa compreensão. Não sabemos como isso acontecerá, mas experimentaremos a unidade com Ele em completa santidade e pureza. O entrelaçar de dois espíritos, talvez. Até lá, descanse na certeza de que Cristo a vê como bela e desejável.

5 DE MARÇO

Deixamos de confiar em nós mesmos
e aprendemos a confiar somente em Deus,
que ressuscita os mortos.
2 CORÍNTIOS 1:9

O nível de confiança que temos em Deus é uma questão essencial na vida do cristão. Muitas variáveis em nossa vida afetam nossa disposição de confiar em Deus. Uma perda ou traição pode comprometer profundamente nosso grau de confiança. Um coração ferido, ainda não curado, pode prejudicar-nos terrivelmente diante do desafio de confiar. Confiar no Deus invisível não é algo que ocorre espontaneamente para nenhuma de nós.

Nosso relacionamento de confiança com Ele cresce somente quando damos passos de fé e escolhemos confiar. A habilidade de crer em Deus se desenvolve geralmente através da experiência própria. "Ontem Ele se mostrou fiel. Hoje Ele não será infiel."

6 DE MARÇO

Pois em Cristo Jesus a lei do Espírito que dá vida
os libertou da lei do pecado, que leva à morte.

ROMANOS 8:2

Um dos elementos mais lindos da salvação é a sua simplicidade. Cristo já fez todo o trabalho na cruz. Responder a essa ação de Deus implica em quatro atitudes:

1) Admitir que você é pecadora e não pode salvar a si mesma. 2) Reconhecer que Jesus é o Filho de Deus e que somente Ele pode salvá-la. 3) Crer que Jesus foi crucificado por causa dos seus pecados pessoais e que Ele morreu por você. 4) Entregar sua vida a Jesus e pedir que Ele seja seu Salvador e Senhor.

Cristo é o único acesso para a estrada da liberdade. Certifique-se de que seu relacionamento com Ele seja íntimo e pessoal.

7 DE MARÇO

A eles quis Deus dar a conhecer entre os gentios a gloriosa riqueza deste mistério, que é Cristo em vocês, a esperança da glória.

COLOSSENSES 1:27

Não há chance alguma de Deus ser reconhecido pelo nosso viver se o Espírito de Cristo não estiver em nós. Se nossa vida não for habitada pelo Espírito Santo, não há nada de Deus em nós para manifestar. Cristo é a única "esperança de glória" em um ser humano.

Glorificamos a Deus à medida que externalizamos o habitar do Cristo vivo em nosso interior. Viver de uma forma que glorifique a Deus não é algo que atingimos instantaneamente, pois é necessário passar tempo na presença dele para que Sua glória nos transforme e seja irradiada a partir de nós. Ao amadurecermos espiritualmente, o Espírito de Cristo se torna mais e mais reconhecível em nós.

8 DE MARÇO

Alguns amaldiçoam o pai e são ingratos com a mãe.

PROVÉRBIOS 30:11

Ao pensarmos em qualquer pecado, que não queremos imitar ou passar adiante, cometido por nossos pais, devemos ser cuidadosas para não os amaldiçoar, menosprezando-os ou os inferiorizando. Sete versículos após de ter alertado o povo de Israel sobre maldição hereditária (ÊXODO 20:5), Deus ordenou que honrasse seus pais (v.12).

Você pode pedir a Deus para ajudá-la a ver os pecados de seus pais como uma oportunidade para não os repetir em sua vida, ou na de seus filhos. Pode fazer uma análise mais profunda para aprender e obter compreensão. Pode ser honesta, mas evitar menosprezá-los como pessoas. Tal atitude não é uma opção para aquelas que creem.

9 DE MARÇO

Vocês não sabem que se tornam escravos
daquilo a que escolhem obedecer?
ROMANOS 6:16

Até o último dia de vida da minha mãe, toda vez que eu me pronunciava sobre qualquer assunto, ela me lembrava da vez em que o médico da nossa família disse que eu não poderia nadar por causa de uma infecção no ouvido. Mamãe contava que eu "fechei a cara" para ele e disse: "Ah é? Você não manda em mim!".

O problema é que Deus não nos criou para mandarmos em nós mesmas. Da forma que Ele formou nossa psique, ela clama por uma autoridade. Isso acontece para que vivamos na segurança de Sua lei protetora. Satanás tenta nos afastar da autoridade de Deus ao nos fazer pensar que podemos seguir muito bem como nossas próprias produtoras e diretoras. Mas rapidamente percebemos quão péssimas somos como autoridade.

10 DE MARÇO

Vejam como é grande o amor do Pai por nós,
pois ele nos chama de filhos, o que de fato somos!
Mas quem pertence a este mundo não reconhece
que somos filhos de Deus, porque não o conhece.

1 JOÃO 3:1

Por que temos tanta dificuldade em crer e aceitar o amor de Deus, mesmo que essa incredulidade a respeito de Seu amor seja uma irrevogável bofetada em Sua face? O mundo veio a existir sobre o fundamento do amor de Deus. Ele cravou-o na cruz por nós. Você imagina o sofrimento causado pela nossa incredulidade depois de tudo o que Ele já fez?

Você pode argumentar: "Mas não consigo sentir que Deus me ama". Amada, crer não é um sentimento. É uma escolha. Podemos viver muitos dias sem nos sentirmos amadas ou amáveis, mas podemos escolher nos firmar em Deus e Sua Palavra apesar de nossos sentimentos e emoções.

11 DE MARÇO

O orgulho leva à desgraça,
mas com a humildade vem a sabedoria.
PROVÉRBIOS 11:2

Temos uma tendência devastadora de esquecer o que Deus já fez por nós. Tornamo-nos humildes por um tempo, mas, então, se não cuidarmos de nossa mente e coração, começamos a pensar que fizemos algo correto para que Deus fosse tão bom para nós. Nisso reside mais uma estrada para o cativeiro.

Há muitos anos, incorporei o hábito de me arrepender e confessar meu orgulho diariamente, mesmo quando eu não o percebo. Pedi a Deus que me mostrasse onde o orgulho estava à espreita. Com frequência, Ele me mostra pequenas sementes de orgulho que, se fossem esquecidas ou ignoradas, brotariam de maneira devastadora. Que cada uma de nós aprenda a se resguardar de tais armadilhas.

12 DE MARÇO

E, por causa da incredulidade deles,
realizou ali apenas uns poucos milagres.
MATEUS 13:58

Cinco obstáculos bloqueiam nosso acesso às bênçãos que Deus deseja nos dar.

1) *Incredulidade* — que nos impede de conhecer a Deus.

2) *Orgulho* — que nos impede de glorificar a Deus.

3) *Idolatria* — que nos torna insatisfeitas com Deus.

4) *Falta de oração* — que nos isola de Sua paz.

5) *Legalismo* — que interrompe o nosso usufruir de Sua presença.

Estes impedimentos nos separam da herança legítima que Deus destinou a nós.

13 DE MARÇO

Portanto, a misericórdia depende apenas de Deus,
e não de nosso desejo nem de nossos esforços.
ROMANOS 9:16

Você já experimentou render-se a Cristo em meio a uma dificuldade real e sentir Sua paz que excede todo entendimento? Você pode pensar: *Como posso, visto que sofri por falta de paz em circunstâncias muito menos desafiadoras?* Você já se perguntou o que havia de diferente nessas ocasiões?

Quando estamos em crise e finalmente desistimos de obter as respostas para todos os porquês de nossa vida, a inesperada paz de Cristo nos lava como uma chuva de verão. Mas em circunstâncias mais amenas, podemos não estar tão aflitas ou propensas a entregá-las para Deus. A paz acontece somente em situações em que nos rendemos completamente à autoridade soberana de Cristo.

14 DE MARÇO

Quando passar por águas profundas, estarei
a seu lado. Quando atravessar rios, não se afogará.
ISAÍAS 43:2

Eu duvido que algum cristão sinta a maravilhosa presença de Deus todos os segundos, todos os dias. Às vezes somos desafiadas a crer que Ele está conosco simplesmente porque Ele assim o prometeu. Isso é fé.

Em algumas ocasióes, Ele pode alterar de propósito as evidências de Sua presença para produzir um benefício maior a partir dessa experiência. Às vezes somos mais abençoadas vendo *muitas* "digitais" visíveis de Sua mão invisível durante uma fase difícil. Outras vezes, desfrutamos mais se tivermos *poucas* evidências. Deus não nos ama menos durante esses momentos. Ele simplesmente deseja que cresçamos e aprendamos a caminhar por fé.

15 DE MARÇO

Tudo é possível para aquele que crê.
MARCOS 9:23

Quando falo sobre crer em Deus, não estou falando somente sobre acreditar que Ele existe. Estou me referindo a acreditar no que Ele diz.

Podemos crer em Cristo para a salvação em alguns segundos, mas passar o restante de nossa vida sem acreditar nele para as demais coisas. A eternidade está assegurada, enquanto a vida nesta Terra, na melhor das hipóteses, continua instável.

Podemos acreditar *em* Cristo, aceitando a verdade que Ele é o Filho de Deus. Podemos crer *sobre* Cristo, recebendo a salvação eterna. Mesmo assim, pode haver momentos em que falhamos em permanecer firmes em nossa fé, escolhendo agir diariamente como se Ele não fosse confiável.

16 DE MARÇO

Tomem posse da boa terra
em que vão entrar, a terra que o SENHOR prometeu
sob juramento a seus antepassados.

DEUTERONÔMIO 6:18

Existe uma razão crucial para enfrentar nossas fortalezas heredi-tárias: a não ser que nós intencionalmente as identifiquemos, elas podem permanecer quase irreconhecíveis — mas nunca serão benignas. A ruína familiar continua sendo a sementeira de toda forma de destruição em nossa vida.

Tendemos a ver a bagagem familiar como parte de quem somos, ao invés de vê-las como parte de nossas amarras. Em muitos casos, cres-cemos com essas correntes, de forma que elas nos parecem muito naturais. Assim, estamos mais dispostas a considerá-las parte de nossa personalidade do que um jugo que nos esmaga e drena a vida abun-dante de nós.

17 DE MARÇO

Para a liberdade foi que Cristo nos libertou.
Por isso, permaneçam firmes
e não se submetam, de novo, a jugo de escravidão.
GÁLATAS 5:1 (NAA)

Assim como o plano primordial de Deus para nós é a redenção, a intenção principal de Satanás é cegar as pessoas para que não vejam o Redentor. Contudo, uma vez redimidas, a prioridade de Deus quanto a nós é nossa plenitude.

Quando Deus começou a fomentar a mensagem deste devocional em mim, Ele me deu duas afirmações como base: 1) Cristo veio para libertar os cativos, e 2) Satanás veio para aprisionar os libertos. Nós somos livres. Nossa liberdade é um fato. Porém, de acordo com Gálatas 5:1, podemos retornar ao "jugo de escravidão" — a menos que paremos de cooperar com o inimigo e comecemos a viver a realidade de nossa liberdade.

18 DE MARÇO

Eu os edificarei, e não os derrubarei;
eu os plantarei, e não os arrancarei.

JEREMIAS 42:10

A única razão para o Sol nascer todos os dias é que Deus concede Sua permissão para isso. Ele nunca cochila e nada está oculto ao Seu olhar. Deus tem sido Deus por todos os dias — desde o início da vida do seu mais antigo antepassado.

Se você está tendo que lidar com alguns escombros antigos, Ele estava lá quando tudo desmoronou. Ele conhece cada detalhe. Deus sabe exatamente como você foi atingida e Ele é especialista em reconstrução. Afinal de contas, Cristo era carpinteiro por profissão. Não há nada que tenha ruído, sob a permissão divina, na vida ou herança de um cristão que Deus não possa reconstruir e usar.

19 DE MARÇO

*Assim, não serão como seus antepassados,
teimosos, rebeldes e infiéis, que se recusaram
a confiar em Deus de todo o coração.*

SALMO 78:8

Entre uma geração infiel e outra fiel, há sempre uma pessoa determinada a mudar. Você pode ser esse divisor de águas, assim como eu fui.

Talvez ninguém em sua família fosse notoriamente pecaminoso, eles eram simplesmente desconectados do reino de Cristo. Talvez você queira ser o elo que conduza sua linhagem familiar de uma religiosidade sem propósito para uma vida apaixonada de relacionamento com Cristo. Talvez sua oração por seus netos e bisnetos possa ser para que eles amem missões, ou sejam fervorosos no ministério. O que quer que seja, você pode ser este elo!

20 DE MARÇO

*Porque Deus amou tanto o mundo
que deu seu Filho único.*

JOÃO 3:16

Deus tinha somente uma flecha em Sua aljava. A flecha mais perfeita que já existira — uma obra-prima de valor incalculável para Ele. Muito mais apreciada do que todos os exércitos celestiais. Nada a que se poderia comparar: Seu único herdeiro, Seu único Filho.

Mas quando Deus olhou para o mundo decaído — desesperado, carente e nas garras do inimigo — Seu coração comoveu-se. As pessoas tinham pecado miseravelmente contra Ele e poucos o buscavam, mas, apesar disso, Deus as havia criado e não poderia amá-las menos. Então o amor, de forma sacrificial, alcançou a aljava e lançou a solitária flecha. Sim, Deus amou o mundo de tal maneira!

21 DE MARÇO

Isto eu declaro a respeito do SENHOR:
ele é meu refúgio, meu lugar
seguro, ele é meu Deus e nele confio.

SALMO 91:2

Diante de um coração abatido e dilacerado, a vida nos ensina a protegê-lo fortemente de várias formas. Inclusive, somos tentadas a prometer que jamais permitiremos alguém nos machucar novamente.

Mas esse não é o jeito de Deus. Muralhas autoimpostas não só nos impedem de amarmos, elas também impedem de sermos amadas. E o Senhor conhece o risco de nos tornarmos prisioneiras em nossa própria fortaleza de proteção.

Somente Deus pode reconstituir seu coração, curando todas as feridas. Ele faz um curativo ventilado, que protege o coração contra infecções mantendo-o livre para inspirar e expirar amor.

22 DE MARÇO

Venham a mim todos vocês que estão cansados
e sobrecarregados, e eu lhes darei descanso.
MATEUS 11:28

Nossa alma pode manifestar sintomas físicos quando passa necessidade. Gosto de pensar da seguinte maneira: assim como o estômago resmunga quando estou com fome, meu espírito pode reclamar quando preciso de alimento espiritual. Por isso, quando a pessoa do caixa da mercearia está especialmente irritada ou aborrecida, eu sorrio e penso comigo mesma: *Aposto que seus filhos acordaram antes que ela pudesse ter um tempo tranquilo para si mesma!*

Posso garantir a você que minha personalidade é muito diferente quando não tenho meu tempo necessário com o Senhor. Minha alma pode dar uma bela resmungada! E a sua?

23 DE MARÇO

Tu me mostrarás o caminho da vida
e me darás a alegria de tua presença e o prazer
de viver contigo para sempre.

SALMO 16:11

Quão realista é o sonho de viver feliz para sempre? Veja por si mesma.

Na parábola dos talentos, Jesus disse (se referindo a Ele mesmo): "O senhor respondeu: 'Muito bem, servo bom e fiel! Você foi fiel no pouco; eu o porei sobre o muito. Venha e participe da alegria do seu senhor!'" (MATEUS 25:21, NVI).

Aí está! Jesus está feliz e Ele deseja que você partilhe de Sua alegria — sendo feliz para sempre. Até lá, Ele nos surpreende com algumas gotas dessa alegria aqui e acolá para que que possamos molhar os dedos dos pés no que vamos mergulhar por toda a eternidade!

24 DE MARÇO

*Como são tolos! Ele é o oleiro
e certamente é maior que vocês, o barro.*
ISAÍAS 29:16

Por favor, permita que Deus entalhe esta verdade em seu coração: liberdade e autoridade sempre caminham de mãos dadas.

Durante o ministério do profeta Isaías, o cativeiro estava às portas de Israel, visto que o povo tinha um sério problema com autoridade. Assim, ele utilizou o exemplo do pote de barro rachado para ajudá-los a entender isso mais claramente.

Em essência, Deus estava dizendo: "Vamos deixar isso claro. Eu, Deus; você, humano. Eu, Criador; você, criatura. Eu, oleiro; você, barro. Você obedece… não para o meu bem, mas para o seu próprio".

25 DE MARÇO

Aproximem-se de Deus,
e ele se aproximará de vocês.

TIAGO 4:8

Deus nos criou para estarmos próximas dele e por isso nos criou com uma necessidade muito legítima de apego. Assim, pessoas que se afastam da verdade se apegam, sem perceber, a outra coisa — a mentiras que defraudam e extorquem.

Na realidade, não existe uma psique humana completamente independente. É por isso que Satanás tenta nos seduzir nos oferecendo meios alternativos, mascarados de algo que preencheria nossas necessidades interiores.

Mas qualquer vínculo com algo que não seja Deus é uma fraude. Vínculos errados significam que estamos nos tornando mais dependentes e confiando em algo que não é Deus.

26 DE MARÇO

*Eu cuidarei de você; em tempos
de calamidade e aflição, seus inimigos
lhe pedirão que interceda por eles.*

JEREMIAS 15:11

Cresci em um ambiente marcado por uma fortaleza de medo e desejava encontrar um esconderijo seguro. Eu desesperadamente queria alguém para cuidar de mim.

Falando a partir da minha própria dolorosa experiência, permita-me alertá-la sobre este tóxico coquetel emocional: o relacionamento entre alguém com uma necessidade doentia de ser cuidado e alguém com uma necessidade doentia de cuidar acabará extorquindo a liberdade concedida por Deus e se revelará uma fraude.

Qualquer lugar que venhamos a nos esconder, não é seguro. Em Cristo, encontramos a liberdade de sermos transparentes com segurança! Ah, se nós compreendêssemos que a autoridade de Cristo não nos aprisiona. Ela nos liberta!

27 DE MARÇO

No arrependimento e no descanso está a salvação
de vocês, na quietude e na confiança está o seu vigor.
ISAÍAS 30:15 (NVI)

Você já viveu alguma fase em sua vida em que sabia o que poderia resgatá-la, mas fugiu dessa oportunidade? Assim como eu, você provavelmente classifica essas memórias dentre seus maiores arrependimentos. Com certeza, uma vez ou outra, todo mundo já fugiu de soluções verdadeiras.

Contudo, a mesma equação que nos levou a Cristo também se aplica a estas situações: "No arrependimento e no descanso está a salvação de vocês"! É óbvio que a salvação eterna exige de nós: arrependimento de pecados e dependência total na obra de Cristo. Nossa necessidade de libertação, entretanto, não finda ao nos convertermos. Ainda precisamos de muita ajuda para evitar ciladas e perigos. Vamos recebê-la, não fugir dela.

28 DE MARÇO

*Portanto, o Senhor esperará até que voltem
para ele, para lhes mostrar seu amor e compaixão.*

ISAÍAS 30:18

Até conseguimos imaginar Deus sendo misericordioso e perdoador quando acidentalmente nos metemos em alguma encrenca, porém quase não conseguimos supor Deus sendo compassivo ao sermos explicitamente rebeldes.

Ah, que desserviço fazemos quando tentamos humanizar Deus, considerando-o apenas o melhor que um ser humano consegue ser, ao invés de vê-lo como o Deus pleno! Sim, a Sua justiça exige que Ele traga dolorosa disciplina a nossa vida quando não seguramos Sua mão estendida para nós e não retornamos a Ele de todo o coração. Entretanto, Sua amorosa compaixão exige que Ele nos alcance mesmo em nossa rebelião.

29 DE MARÇO

E nós recebemos o Espírito de Deus, e não o espírito deste mundo, para que conheçamos as coisas maravilhosas que Deus nos tem dado gratuitamente.

1 CORÍNTIOS 2:12

A liberdade em Cristo era nossa desde o momento em que o recebemos como Salvador. Mas, se esta dádiva interior não for aplicada exteriormente, através da obediência, podemos nunca a experimentar de fato.

Quando recebemos a Cristo como Salvador, recebemos Seu Espírito libertador. Precisamos compreender que a liberdade nunca excede os domínios do próprio Espírito. Dessa maneira, nossa libertação é realmente manifesta apenas nas áreas de nossa vida onde o Espírito de Deus tem liberdade.

Somos livres quando, e somente quando, permitimos que Ele esteja no comando.

30 DE MARÇO

Mas Deus nos prova seu grande amor
ao enviar Cristo para morrer por nós
quando ainda éramos pecadores.
ROMANOS 5:8

Preciso admitir, o direito que Deus tem de governar não é minha principal motivação para viver em obediência. Eu tenho dificuldade em obedecer a alguém baseada somente em sua posição.

Isso talvez a choque, mas eu provavelmente correria o risco de na eternidade estar no inferno se precisasse dobrar meu joelho perante qualquer soberano apenas por ele estar no comando.

Por isso, não consigo entender como tal milagre da graça aconteceu comigo, contudo aconteceu. Isso pode parecer tolo, mas amo tanto Jesus que às vezes fico ansiosa esperando que Ele me peça algo um tanto difícil, simplesmente porque quero obedecê-lo. Confiar e obedecer a Ele são lembretes constantes do milagre contínuo em minha vida.

31 DE MARÇO

*Considero que nosso sofrimento de agora
não é nada comparado com
a glória que ele nos revelará mais tarde.*

ROMANOS 8:18

Você se lembra do banquete de casamento em Caná da Galileia? O encarregado da festa, mesmo sem saber, fez uma afirmação sobre Jesus que sempre toca meu coração. Ela o descreve tão bem: "Todos servem primeiro o melhor vinho e, depois que os convidados já beberam bastante, o vinho inferior é servido; mas você guardou o melhor até agora" (JO 2:10, NVI).

Parece que Jesus sempre tem algo ainda melhor para nos surpreender. Jamais afirmaria que o que escrevo a seguir foi por inspiração divina, porém, Cristo se provou verdadeiro tantas vezes que creio poder lhe dizer isto com toda confiança: Ele trará coisas maiores à frente em sua jornada!

1º DE ABRIL

O Senhor, seu Deus, irá adiante de vocês.
Ele não os deixará nem os abandonará.
DEUTERONÔMIO 31:6

Certa manhã, enquanto eu ia para o trabalho, entrei toda contente em minha cafeteria preferida e pedi o de sempre: "Um pãozinho de banana e nozes com *cream cheese*, por favor". A atendente olhou para mim com um sorriso e disse: "Não servimos mais esse item. Há outra coisa que gostaria de experimentar hoje?".

Fiquei em choque, com minhas sobrancelhas coladas no alto da testa, até que alguém finalmente me deu um empurrãozinho para sair do meio do caminho. Voltando para o carro, olhei para cima e perguntei: "Será que tem alguma coisa por aqui com a qual eu possa contar?". Sim. Ele nunca nos deixará ou nos abandonará.

2 DE ABRIL

Deem graças ao Senhor, porque ele é bom.
O seu amor dura para sempre!

SALMO 136:1 (NVI)

Algo de extrema importância para os cativos que buscam a completa liberdade é o seguinte: as obras de Deus mudam, mas Seu amor permanece firme e forte. Assim que pensamos que conseguimos compreender Sua forma de agir e desvendar Seus métodos, eles mudam.

Reis se erguem e caem, mas Seu amor dura para sempre. Riquezas vêm e vão, mas Seu amor dura para sempre. Às vezes seremos curadas de aflições físicas e às vezes não, mas Seu amor dura para sempre. Os céus e a terra poderão passar…

Mas o Seu amor dura para sempre!

3 DE ABRIL

Muitos se dizem amigos leais, mas quem pode encontrar alguém realmente confiável?
PROVÉRBIOS 20:6

Esse versículo sugere algo importantíssimo sobre o amor leal. Paulo descreveu o amor *ágape* [grego] como o amor sobrenatural que somente Deus possui plenamente, e que apenas Ele pode concedê-lo. Essa é a palavra do Novo Testamento para o amor divino, assim como *chesed* [hebraico] é a palavra do Antigo Testamento para esse amor.

A única maneira pela qual podemos amar com *ágape* é esvaziar completamente nosso coração e pedir que Deus o use como jarros do Seu *ágape*. Antes que possamos começar a espalhar o amor divino, precisamos aceitá-lo plenamente para nós mesmas. Para amar os outros com algo semelhante ao amor de Deus, precisamos estar convencidas de que Ele nos ama com o perfeito amor.

4 DE ABRIL

*Que louvem o Senhor por seu grande amor
e pelas maravilhas que fez pela humanidade.*

SALMO 107:8

O amor infalível de Deus se estende ao cativo mais rebelde e ao tolo mais aflito. O Salmo 107 é claramente revigorante: Seu amor o leva a atos maravilhosos em favor dos piores homens e mulheres quando estes clamam a Ele em suas aflições.

A palavra hebraica para maravilhoso é *pala*, que significa extraordinário, miraculoso, extasiante, impressionante. Esses adjetivos parecem se aplicar a algo limitado aos filhos "bonzinhos" de Deus, não é mesmo? Entretanto, a Sua palavra nos diz que Ele faz coisas extraordinárias, miraculosas, extasiantes e impressionantes para o pior dos piores que clamar por Seu auxílio… porque Ele os ama.

5 DE ABRIL

Ó Senhor, tu és minha lâmpada!
O Senhor ilumina minha escuridão.

2 SAMUEL 22:29

Nossas penitenciárias cada vez mais lotadas provam que a rebeldia pode levar, literalmente, a prisões. Mas ela também leva, com muita facilidade, a celas emocionais sombrias e lúgubres. Com certeza nem toda depressão é resultado de rebeldia, mas um coração obstinado pode direcionar a essa situação.

Penso que esse tipo de depressão se torna especialmente provável se a pessoa rebelde houvesse sido próxima de Deus. Conhecendo a alegria indescritível da intimidade com Deus, eu sei que viver distante da comunhão com Ele me deprimiria.

Por isso, sou grata a Deus por permitir que as sombras acompanhem a rebelião. Assim, Ele pode usar essas trevas para nos conduzir de volta à luz!

6 DE ABRIL

Nossa esperança está no Deus vivo.
1 TIMÓTEO 4:10

A pior coisa possível que poderia nos acontecer por sermos desobedientes seria Deus desistir de nós. Mas Ele se dedica continuamente aos Seus filhos aprisionados até que eles sejam livres. Embora Deus nunca ignore os nossos pecados ou rebelião, Ele compreende plenamente os motivos que impulsionam nossas ações.

Quando era jovem, eu não fazia ideia do motivo pelo qual tomava algumas decisões tão ruins. Mas Deus sabia. Mesmo que a minha rebelião fosse pecado, o coração do Pai estava cheio de compaixão. Através da correção amorosa, Ele insistiu continuamente comigo, aguardando pacientemente que eu abandonasse minhas prisões. Não importa quanto tempo demore nossa luta, Deus não desistirá de nós.

7 DE ABRIL

*Então o SENHOR teve compaixão de seu povo
e com zelo guardou sua terra.*

JOEL 2:18

Mesmo se já tivermos esgotado todas as fontes humanas ao nosso redor, Deus é nosso poço inesgotável de água viva. Ele pode permitir que a vida de uma pessoa cativa seja mais difícil para que ela se torne mais ávida para praticar o que liberdade em Cristo demanda —, mas Ele nunca a deixará. Ele a persuade e Ele aguarda.

As medidas tomadas por Deus para nos chamar à liberdade, às vezes, podem ser muito dolorosas, mas costumam ser provas mais contundentes de Seu amor leal do que todas as bênçãos evidentes que poderíamos listar. Poucos conhecem realmente o amor leal de Deus como um prisioneiro que foi liberto.

8 DE ABRIL

*Porque não inventamos histórias engenhosas
quando lhes falamos da
poderosa vinda de nosso Senhor Jesus Cristo.*

2 PEDRO 1:16

Antes de começar a experimentar a plenitude de Cristo, de alguma maneira eu sabia que a Palavra de Deus era verdade e que o problema estava em mim. Contudo, por mais que me esforçasse, eu não conseguia identificar qual era o problema. Eu o servia. Eu o amava, mesmo que de forma imatura. Mas eu ainda lutava com um vazio que me fazia buscar por amor e aceitação em todos os lugares errados.

Em minha juventude, eu nunca tinha recebido um ensino claro sobre a vida cheia do Espírito. Talvez seja essa a razão pela qual me recuso a calar sobre isso agora. Ou Jesus Cristo pode nos preencher e satisfazer nossas necessidades mais profundas, ou a Palavra de Deus é enganosa.

9 DE ABRIL

Pois Deus é Espírito, e é necessário que
seus adoradores o adorem em espírito e em verdade.

JOÃO 4:24

Não pense que por Deus ser *espírito* isso signifique que Ele seja invisível. Deus tem definitivamente uma forma visível, apesar de ela ser indescritível e gloriosa. Mas por enquanto nossos olhos não conseguem enxergar o mundo espiritual.

Tão certo como Deus é espírito, Ele também é amor. Amor não é somente algo que Deus pratica; é quem Ele *é*. Ele teria que deixar de *existir* para deixar de amar.

Nossa tendência é tentar humanizar Deus porque na nossa limitação, entendemos o amor como um verbo, uma ação. Com Deus, no entanto, o amor é acima de tudo e principalmente um substantivo, um nome. Amor é o que e quem Ele é.

10 DE ABRIL

Também peço que [...] vocês possam compreender
a largura, o comprimento,
a altura e a profundidade do amor de Cristo.

EFÉSIOS 3:18

Nós estudamos tantas coisas, mas que tal investir um pouco da nossa energia para compreender o amor de Cristo? A palavra "compreender" no versículo acima significa se apropriar, ou apreender algo subitamente e com vontade. Experimentei algumas ocasiões em que eu, por um instante, consegui compreender a enormidade do amor de Cristo.

Você consegue se lembrar de algum momento em que você mergulhou na magnitude do amor que Deus tem particularmente por você? Se não, peça a Ele que a torne mais sensível a isso. Deus demonstra o Seu amor. Peça, e Ele expandirá a sua visão espiritual. Então, você poderá contemplar evidências inesperadas de Seu maravilhoso amor.

11 DE ABRIL

Vemos, portanto, que não puderam entrar no descanso por causa de sua incredulidade.

HEBREUS 3:19

Acredito que a Igreja está doente. Ela está pálida e frágil. Não por causa de julgamento. Não por causa de negligência. Não por faltar comida e bebida, pois a carne da Palavra de Deus e a bebida do Seu Espírito estão disponíveis. Tampouco por causa da batalha. De fato, a Igreja é ferida pelo inimigo, mas não é ele quem a tem deixando doente. Ele só está se aproveitando da oportunidade.

A verdade é que a enfermidade dela vem do seu interior. A noiva de Cristo está doente por falta de fé. A principal razão para não percebermos essa doença é porque a maioria de nós tem sofrido com ela por toda vida.

12 DE ABRIL

*Em nenhum momento a fé de Abraão
na promessa de Deus vacilou. Na verdade,
ela se fortaleceu e, com isso, ele deu glória a Deus.*

ROMANOS 4:20

Há muitos anos, percebi que lentamente meu nível de energia vinha diminuindo. Após um exame de sangue, o médico me ligou e imediatamente receitou que eu ficasse de cama por duas semanas, pois estava com um quadro intenso de mononucleose. Alguns meses depois, eu não acreditava que estava me sentindo tão bem. Tendo ficado doente por tanto tempo, havia me esquecido como era a sensação de estar bem.

A mesma coisa acontece com a falta de fé. Quando passamos muito tempo com essa "doença", não conseguimos nos lembrar como é boa a sensação da fé autêntica. Os cristãos mais saudáveis que você pode vir a conhecer não são aqueles com um físico perfeito, mas os que tomam uma dose diária da Palavra de Deus e escolhem acreditar que ela age!

13 DE ABRIL

*Sabemos o que é o amor
porque Jesus deu sua vida por nós.*
1 JOÃO 3:16

Talvez você diga: "Você não sabe pelo que eu passei". Por favor, ouça meu coração. Eu me solidarizo com você, pois eu também fui ferida por pessoas que deveriam me amar. Mas preciso lhe dizer isto: Não importa quantas pessoas tenham feito você se sentir desvalorizada e não amada, o Pai celestial fez muito mais para provar que você *é* amada.

Se for necessário, faça uma lista dos motivos que a convenceram de que ninguém poderia amá-la. Então, relacione todas as formas que o Deus de toda a criação lhe afirmou o contrário disso. Eu lhe garanto que nenhuma lista poderá se comparar às ações de Deus!

14 DE ABRIL

Tu guardarás em perfeita paz todos que em ti
confiam, aqueles cujos propósitos estão firmes em ti.
ISAÍAS 26:3

Libertar-se de fortalezas é um negócio sério. O estudo aprofundado e a aplicação prática da verdade não são apenas apoios, eles são uma necessidade absoluta para quem escolhe a liberdade. Conquistamos a liberdade no campo de batalha da mente.

Perceba que Isaías 26:3 menciona a confiança como parte da vida de quem tem uma mente inabalável. Somente o coração que confia se aproximará honestamente de Deus com os conflitos secretos da mente.

Quando oferecemos um coração cheio de confiança acompanhado de uma mente sincera e aberta a Deus, podemos ter certeza de que o renovo está próximo.

15 DE ABRIL

Ah, ouço meu amado chegando!
CÂNTICOS 2:8

Tenho plena certeza, por vários motivos, que meu marido Keith me ama. Ele demonstra isso de várias maneiras. Por exemplo, ele me diz que frequentemente pensa em mim durante o dia. Sei que isso é verdade, pois, todos os dias, ele me telefona pelo menos uma ou duas vezes quando estou no trabalho. Ele testifica de seu amor por mim para outras pessoas. As pessoas que o encontram geralmente comentam: "Ele parece realmente amar a sua esposa".

Se você é casada e seu cônjuge não é amoroso assim, não se desespere! Posso lhe garantir que Deus, por Sua graça, livrou-nos de preencher os papéis do divórcio várias vezes. Não desista! Deus pode fazer milagres!

16 DE ABRIL

*No entanto, temo que sua devoção pura e completa
a Cristo seja corrompida de algum modo,
como Eva foi enganada pela astúcia da serpente.*

2 CORÍNTIOS 11:3

Poucos temas bíblicos são tão controversos e debatidos quanto a batalha espiritual e os embates que se travam na mente. Porém, muitos acontecimentos e passagens das Escrituras demonstram que Satanás lida diretamente com a mente humana.

Na parábola do semeador, Jesus disse que Satanás vem e toma a Palavra semeada em algumas pessoas (MARCOS 4:15). Na história de Ananias e Safira, Pedro disse que Satanás havia enchido o coração deles com mentiras contra o Espírito Santo (ATOS 5:3). No versículo de hoje, Paulo nos adverte de que Satanás de fato tenta persuadir a mente dos fiéis. Claramente, Satanás nos engana astutamente com os nossos próprios pensamentos.

17 DE ABRIL

Usamos as armas poderosas de Deus, e não
as armas do mundo, para derrubar as fortalezas.

2 CORÍNTIOS 10:4

A palavra *derrubar* implica um tipo de demolição que exige grande poder — poder divino, para ser precisa. Eu creio que uma forte razão para muitas cristãs continuarem sob o jugo da escravidão é porque golpeamos nossas fortalezas, como se fossem mosquitos.

Ora, fortalezas são como castelos de concreto que construímos em torno de nossa vida, bloco por bloco, normalmente por vários anos. Nós as criamos (conscientes ou não) para nossa proteção e conforto. Porém, inevitavelmente essas fortalezas se tornam prisões. Em determinado momento, percebemos que nós não as controlamos mais. Ao invés disso, elas que nos controlam.

18 DE ABRIL

Aqueles que fazem ídolos e neles confiam
são exatamente iguais a eles.
SALMO 135:18

O objetivo de Satanás é ser adorado. Isso é o que ele sempre quis. Isso é o que inflama a sua rebelião contra Deus.

Entretanto, se Satanás não consegue persuadir as pessoas a adorá-lo diretamente, ele conquista o seu objetivo tentando as pessoas a adorarem algo ou alguém que não seja Deus.

Deus nos criou para a adoração. Logo, cada um de nós adorará algo. O foco da nossa adoração pode ser determinado pelo nosso olhar — por quem ou aquilo que é o objeto do nosso foco principal. E acredite nisto que afirmo: o que adoramos é também o que obedecemos.

19 DE ABRIL

Não vivam mais como os gentios,
levados por pensamentos vazios e inúteis.

EFÉSIOS 4:17

Imagine como sofrer um estupro poderia aprisionar a sua mente e quase destruí-la. Meu coração transborda de profunda compaixão só de imaginar que você saiba disso por experiência própria. A perda de uma pessoa querida também pode ser uma experiência devastadora. Se não submetermos nossa mente a Cristo, podemos ser levadas do luto e sofrimento razoáveis a uma vida inteira de aprisionamento agonizante.

Lembre-se disto: Satanás joga sujo! Ele se valerá de qualquer artifício para desviar seus pensamentos de Cristo. Porém, quanto mais você conhecer a Palavra de Deus, mais rapidamente reconhecerá suas armadilhas.

20 DE ABRIL

Ela desceu à fonte, encheu o cântaro e voltou.

GÊNESIS 24:16

Os lugares vazios em nossa vida se tornam um parque de diversões para o inimigo. Imagine um campo de golfe. As bandeiras mostram aos jogadores onde os buracos estão. Creio que algo parecido acontece conosco espiritualmente. Todas nós chegamos à idade adulta com alguns "buracos" em nossa vida e, pode ter certeza, o inimigo marcou cada um deles com uma bandeira identificando-os como seus alvos.

Desperdiçamos uma quantidade imensa de energia com raiva e amargura pensando na razão desses buracos existirem, e em quem são os culpados por eles. Mas a cura começa quando reconhecemos o quanto esses espaços vazios nos tornam vulneráveis, quando calculamos o preço de tentar preenchê-los com coisas inúteis e buscamos a nossa plenitude somente em Cristo.

21 DE ABRIL

Todas as manhãs ele me acorda
e abre meu entendimento para ouvi-lo.

ISAÍAS 50:4

Creio de todo meu coração, baseada nesse maravilhoso versículo, que apesar de podermos ouvir a voz de Deus a qualquer momento, Ele nos acorda pela manhã com uma capacidade sobrenatural para ouvi-lo. No início do dia, ainda não escolhemos o caminho errado.

Todos os dias, Deus deseja sustentar alguém exausto. Às vezes eu sou essa pessoa, às vezes é você. Contudo, caso não estejamos rebeldes nem arredias, Deus sempre tem uma palavra para nós. Diariamente, Ele sempre nos oferece o tesouro de uma palavra nova a cada manhã.

22 DE ABRIL

Seu Pai celestial os perdoará se perdoarem
aqueles que pecam contra vocês.
MATEUS 6:14

Quando finalmente rendi ao Príncipe da Paz algumas feridas da minha infância, percebi que Ele estava me direcionando para perdoar a pessoa que havia me machucado. Deus não insistiu para que eu perdoasse por causa da pessoa, mas para liberar a paz sobre minha própria vida. Quando eu finalmente permiti que o Senhor governasse todas as áreas do meu passado, o Príncipe não somente me deu a Sua paz, mas trouxe o bem a partir de algo horrível e injusto.

Ele fará o mesmo por você também. Quando você começar a se entregar a Ele, mesmo no assunto mais doloroso, Ele lhe dará uma habilidade sobrenatural para perdoar.

23 DE ABRIL

*Em todo o sofrimento deles,
ele também sofreu e ele mesmo os salvou.*
ISAÍAS 63:9

Acredito que Cristo sofre quando vê os corações sofrendo desnecessariamente. Ele deseja intensamente que Seu povo experimente a Sua paz. Quando permitimos que o Príncipe da Paz governe nossa vida, a paz surge imediatamente ou ao final de um processo. A paz acompanha a autoridade.

Pode ser que nem sempre você *sinta* vontade de entregar sua circunstância, perda ou ferida a Ele, mas você pode *escolher* se submeter à Sua autoridade por causa de sua fé e obediência, ao invés de submeter-se por conta de sua emoção. A obediência é sempre a marca da sujeição autêntica à autoridade de Deus.

24 DE ABRIL

Eu sou o SENHOR, seu Deus, que lhe ensina o que
é bom e o conduz pelo caminho que deve seguir.

ISAÍAS 48:17

Desejamos poder compreender claramente algumas razões que nos impedem de nos submeter à autoridade de Deus, mas devemos nos lembrar que, em última análise, render-se é uma questão de pura obediência.

Como disse anteriormente, eu finalmente rendi algumas feridas da minha infância à soberania de Deus porque percebi que elas me consumiriam como um câncer. Se você ainda não submeteu áreas do seu passado à autoridade soberana de Deus, existe algo lhe mantendo presa. Você pode ter a paz de Cristo em qualquer circunstância, mas precisa crer, prostrar-se e aprender a receber.

25 DE ABRIL

Pense no que estou lhe dizendo.
O Senhor o ajudará a entender todas essas coisas.
2 TIMÓTEO 2:7

Eu penso que uma escritora nunca deveria parecer desesperada para que os seus leitores se importassem com o seu trabalho. É tão deselegante. Ela deveria simplesmente fazer o seu melhor e entregar o resultado ao público. Realmente acredito nisso. Mas, no meu caso, é impossível. Os assuntos que estamos tratando nestas páginas são tão importantes para mim que desejo profundamente que sejam importantes para você também.

Espero que este devocional impulsione sua vida tão poderosamente, à medida que caminharmos juntas este ano, que o cativeiro do discipulado medíocre nunca mais seja aceitável. Cristo nos chama para o lugar de libertação. Ele nos conduz ao lugar de liberdade absoluta — a única liberdade verdadeira.

26 DE ABRIL

Eu era como cordeiro levado para o matadouro.
Não fazia ideia de que planejavam me matar.
JEREMIAS 11:19

Meneio minha cabeça e me surpreendo ao lembrar que eu pensava que somente os espiritualmente perdidos eram cativos espirituais. Deus escancarou minha mente confortavelmente fechada da maneira mais eficaz: de dentro para fora.

Se alguém me contasse que cristãos poderiam estar cativos, eu teria discutido com toda a força que alguém pode reunir quando tem um jugo de escravidão sobre os ombros. Eu era o pior tipo de prisioneira: descuidada, vulnerável aos meus captores, a presa mais fácil possível. Um cristão pode ser mantido cativo por qualquer coisa que drene a vida abundante e efetivamente cheia do Espírito que Deus planejou para os Seus.

27 DE ABRIL

*Os midianitas reduziram Israel
à mais absoluta pobreza,
e o povo pediu socorro ao Senhor.*

JUÍZES 6:6

O povo de Deus não tem grandes defesas contra a natureza destruidora do inimigo se o poder de Deus não agir em seu favor. Na cena descrita no livro de Juízes, os israelitas haviam preparado abrigos para se protegerem contra seus inimigos. Mas os midianitas vieram como uma nuvem de gafanhotos, impossíveis de serem contados. Eles invadiram a terra e a devastaram.

Podemos ser salvas e ainda assim viver em contínua derrota, pois o inimigo pode nos ludibriar se não dependermos do Espírito Santo e da Palavra de Deus. Devemos perceber que estamos sendo cercadas, atentar à Palavra, aprender quais são nossos direitos e usar as armas que Deus disponibilizou para nós.

28 DE ABRIL

*Mas Deus me disse: "Você não construirá
um templo em honra ao meu nome, pois é homem
de guerra e derramou muito sangue".*

1 CRÔNICAS 28:3

Creio que Deus de boa vontade adverte Seus filhos quando estes estão sendo oprimidos, se estiverem dispostos a ouvir.

É claro que nós preferiríamos que Deus simplesmente resolvesse nossas encrencas. Não queremos entender as razões das coisas estarem como estão. "Senhor, só me liberte! Eu não quero saber como cheguei a isto. Não vamos desenterrar essas coisas antigas. Só me liberte e vamos seguir com a vida!"

Mas Deus responde: "Eu quero que você saiba o que deu errado para que da próxima vez em que você estiver nessa mesma situação, você faça escolhas diferentes… para que, nessa hora, você busque a mim".

29 DE ABRIL

Estamos seguros aqui;
ninguém conseguirá entrar.
JEREMIAS 21:13

Muitas vezes quando estamos oprimidas, em vez de cooperar com Deus e segui-lo para nos libertar, nós nos isolamos e nos escondemos. Escondemo-nos atrás de nossos empregos, atrás das nossas ocupações na igreja. Escondemo-nos atrás de atividades — o cativeiro das atividades.

Às vezes, Deus permitirá que as coisas fiquem bastante ruins, para que nós sejamos forçadas a parar de nos esconder e a olhar para cima. Ele não permite que sejamos oprimidas até nossa derrota, mas somente para que saiamos dessa situação ainda mais vitoriosas. A vitória sempre começa com um grito de socorro. Quando esgotamos nossos recursos e fazemos o que é necessário para nos libertarmos, maravilhas começam a acontecer.

30 DE ABRIL

Salva o teu povo! Abençoa os que
pertencem a ti! Conduze-os como pastor e
leva-os em teus braços para sempre.

SALMO 28:9

Ó Deus, enquanto nos encaminhamos para um novo mês de *Livre!*, nós te convidamos a fazeres uma obra em nós além da nossa compreensão. Dedicamos essa jornada inteiramente ao Senhor e damos toda a glória a ti.

Pedimos, Senhor, que não venhamos sequer a levantar a mão para afastar-te ou impedir-te, pois haverá momentos em que a verdade vai doer. Sabemos que desejas ser a plenitude de nossa vida e assim nos levares à vida vitoriosa. Sendo assim, nós nos humilhamos diante de ti e pedimos que faças uma poderosa obra em nosso coração, para que proclamemos o Teu nome por toda a nossa existência. Somente tu és Deus. Não há outro Salvador.

1º DE MAIO

O Senhor lhes deu descanso de todos os lados, como havia prometido solenemente a seus antepassados.

JOSUÉ 21:44

O *Dicionário Bíblico Strong* (SBB, 2002) traz uma definição para a palavra hebraica *nuwach* (repouso, descanso) que me intriga. Ali diz que a palavra significa "acalmar".

Eu consigo imaginar a minha avó com um mata-moscas na mão e um olhar atento no rosto. "O que a senhora está fazendo, vovó?", eu lhe perguntaria. "Esperando aquela mosca nojenta acalmar-se para eu poder acertá-la", diria ela.

Por algum motivo, é muito comum pensarmos que somos a tal mosca. Se nos acalmarmos e baixarmos a guarda por um segundo, Deus nos aniquilará. Isso é um engano! Não somos moscas. O desejo de Deus para nós é que confiemos nele, para nos acalmarmos em Sua verdade e nos firmarmos em quem Ele é.

2 DE MAIO

Pensem em Abraão, seu antepassado,
e em Sara, que deu à luz sua nação.
ISAÍAS 51:2

Por meio de Gálatas 3:29 ficamos sabendo que somos "verdadeiros filhos de Abraão, herdeiros dele segundo a promessa de Deus". Olhando para o que Deus fez na vida de Abraão, descobrimos que podemos...

1. Crer em Deus para coisas impossíveis.

2. Admitir a futilidade de tentar resolver os problemas por conta própria.

3. Crer que Deus ainda nos ama mesmo que tenhamos nos desviado temporariamente da rota, se nos dispusermos a voltar para o Seu caminho.

4. Crer que Deus ainda nos chama de justos baseado na fé que depositamos nele, mesmo que nossos atos de justiça sejam na verdade trapos imundos.

5. Crer que a bênção definitiva de Deus acompanha a nossa obediência.

3 DE MAIO

Mas, se vivemos na luz, como Deus está na luz,
temos comunhão uns com os outros.

1 JOÃO 1:7

Imagine-se visitando o Céu. Lá, Deus gentilmente lhe revela o que Ele planejou para a sua vida. Tudo começa no dia em que você nasceu. E, a partir do momento que você recebeu a Cristo como seu Salvador, todos os dias seguintes estão demarcados em vermelho.

Em vários desses dias, aparecem dois pares de pegadas. Então, você pergunta: "Pai, essas pegadas que aparecem todos os dias são as minhas e estas outras que aparecem de tempos em tempos são as Tuas, dos dias em que caminhou comigo?". O Senhor responde: "Não, minha filha preciosa. As pegadas que você vê todo o tempo são as minhas, seguindo em direção ao destino que planejei para você, desejando que o seguisse. O segundo par de pegadas são dos dias em que você caminhou comigo".

4 DE MAIO

Como são felizes os que de ti recebem forças,
os que decidem percorrer os teus caminhos.

SALMO 84:5

A Bíblia repetidamente nos diz que devemos andar nos caminhos de Deus e não nos nossos. Mas lembre-se de que caminhar consistentemente não significa andar com perfeição. Sendo assim, podemos até tropeçar, mas não cairemos!

No dia a dia de nossa caminhada com Deus, com que frequência lembramos a nós mesmas de que estamos numa jornada rumo à gloriosa cidade celestial? Ele deseja nos guiar diariamente sob Sua sabedoria e conhecimento. Lembre-se: Ele é o que tem o projeto!

Sim, a vida pode nos levar de um desafio a outro, mas, por estarmos caminhando com Deus, podemos ter a certeza de que Ele nos conduz "de força em força" (SALMO 84:7, ARA).

5 DE MAIO

*Mantenham-se firmes no amor de Deus,
enquanto aguardam a vida eterna que nosso Senhor
Jesus Cristo lhes dará em sua misericórdia.*

JUDAS 1:21

Certa vez, fiz um pequeno experimento enquanto eu falava com um grupo de mulheres sobre o amor de Deus. Pedi a cada uma delas para que olhasse nos olhos da pessoa ao lado e dissesse: "Deus me ama tanto!".

Quase que instintivamente, elas olharam umas para as outras e disseram: "Deus *te* ama tanto!". Eu as interrompi, chamei a atenção delas para a troca que fizeram e perguntei por que tiveram dificuldade em atender minha orientação.

Perceba, como somos rápidas para aceitar o amor de Deus pelos outros e o quanto lutamos para acreditar que Ele também nos ama de forma radical, completa e infalível.

6 DE MAIO

Que a graça do Senhor Jesus Cristo,
o amor de Deus e a comunhão do Espírito Santo
sejam com todos vocês.
2 CORÍNTIOS 13:14

Eu tinha dificuldade com o amor de Deus por mim, pois conhecia meus pecados e fraquezas — todas as razões pelas quais Ele não deveria me amar. Com certeza não existia ninguém mais com tantos problemas interiores quanto eu! (Claro, algumas pessoas são tão cheias de hipocrisia que estão convencidas que Deus as ama mais do que ama a todas as outras).

Mas por que é tão difícil acreditar que o Senhor poderia amar com o mesmo amor leal tanto as pessoas que consideramos boas quanto as que consideramos más? Isso ocorre porque insistimos incansavelmente em nossa tentativa de humanizar Deus. Tendemos a amar as pessoas de acordo com as suas ações e persistimos em tentar criar um Deus à nossa imagem.

7 DE MAIO

Com tua força, posso atacar qualquer exército;
com meu Deus, posso saltar qualquer muralha.
SALMO 18:29

Certa feita, enquanto eu refazia as viagens do apóstolo Paulo através da Grécia e de Roma, cheguei na região onde ficava a antiga cidade de Corinto. Eram as ruínas do que fora uma cidade vibrante. Vi a distância uma edificação sobre a montanha mais alta de lá e perguntei à nossa guia o que era. Ela respondeu: "É uma fortaleza. Praticamente toda cidade grega antiga tinha uma fortaleza ou forte sobre seu pico mais elevado. Em tempos de guerra, esse lugar era considerado praticamente impenetrável e fora do alcance inimigo".

De fato, fortalezas são imponentes. Pude perceber a razão de tantos exércitos inimigos dos coríntios terem desistido. Infelizmente, com frequência, fazemos o mesmo. Minha oração é para que digamos: "Não mais!".

8 DE MAIO

*Jerusalém, por fim em segurança,
ficará cheia de gente e nunca mais
será amaldiçoada nem destruída.*

ZACARIAS 14:11

Quando você pensa em alguma fortaleza que tenha experimentado, qual foi o papel da insegurança nessa situação?

Sem sombra de dúvida, a insegurança exerceu uma grande influência sobre as fortalezas que o inimigo construiu em minha vida. Uma parte importante de aprender a viver vitoriosamente foi discernir os ruídos de insegurança vindos do meu coração. Com isso, aprendi a desenvolver radicalmente minha vida de oração e tempo com a Palavra de Deus quando minha segurança está abalada.

Nem sempre reagi de maneira adequada diante da insegurança, mas quando eu o fiz, Satanás não conseguiu obter vantagem sobre mim.

9 DE MAIO

Quando ele mente, age de acordo com seu caráter,
pois é mentiroso e pai da mentira.

JOÃO 8:44

magine a prisão dos seus pensamentos como uma cela toda revestida por mentiras. A demolição de fortalezas realmente começa quando nós expomos e rasgamos as mentiras que as sustentam. Nunca é demais lembrar deste fato: *O engano é a cola que une e mantém as fortalezas.* Quanto há uma fortaleza, nossa mente está envolta em mentiras.

Qual a procedência dessas mentiras? De acordo com as palavras de Jesus em João 8:43-45, elas vêm de Satanás, pois ele é o próprio pai da mentira. Contudo, ele as usa somente porque é um inimigo já completamente derrotado. A mentira é a única arma que lhe restou. É por isso que ele tem que ser tão hábil em usá-la.

10 DE MAIO

Deixem que Deus os transforme
por meio de uma mudança em seu modo de pensar,
a fim de que experimentem a boa,
agradável e perfeita vontade de Deus para vocês.

ROMANOS 12:2

Satanás se tornou muito mais sofisticado quando me tornei adulta. Ele colocou um jugo sobre mim que envolvia alguém que me pediu ajuda. Satanás torceu a verdade a ponto de eu acreditar que era responsável por essa pessoa. O Espírito Santo me alertou para que eu não me envolvesse, mas escolhi o que pensei ser o meu dever cristão, ao invés de obedecer a voz do Senhor. Era uma cilada armada pelo inimigo.

Com certeza essa pessoa merecia ajuda, mas eu não era a pessoa certa para ajudá-la. Seu problema estava além do meu alcance. Essa situação me ensinou que: se não ouvimos e obedecemos a Deus já nos primeiros estágios, passamos a ter menos discernimento e força.

11 DE MAIO

Então voltarão ao perfeito juízo
e escaparão da armadilha do diabo,
que os prendeu para fazerem o que ele quer.
2 TIMÓTEO 2:26

Podemos pensar nas sutilezas de Satanás como sendo a sua camuflagem. A maioria dos jugos que carregamos passa desapercebida porque eles se mesclam muito bem com a nossa personalidade. Criamos desculpas para esses fardos ao afirmarmos que eles são apenas parte de quem nós somos. Podemos até mesmo chegar a dizer: "Minha mãe era assim e minha avó também!", ou "Meu avô criou meu pai para não depender de ninguém".

Talvez você esteja começando a perceber uma algema bem camuflada que você herdou. Você não precisa assumir isto: "Então, já que estou presa a essa realidade, eu bem que poderia me orgulhar dela". Em Cristo não estamos presas a nada, somente a Ele. Louvado seja o Seu nome!

12 DE MAIO

Por favor, perdoe seus irmãos pelo grande mal
que eles lhe fizeram, pelo pecado que
cometeram ao tratá-lo com tanta crueldade.

GÊNESIS 50:17

O inimigo é especialista em se aproveitar de nossas recusas em liberar perdão. Descreverei um cenário bastante comum. Uma família tem uma querela por conta da empresa familiar que administram. Os filhos adultos param de conversar entre si e não permitem que seus filhos interajam. Eles guardam ressentimentos há tanto tempo que aqueles que se recusaram a perdoar se tornam imperdoáveis. Eles têm pouco em comum, exceto o fato de a maioria deles estar com raiva de alguém o tempo todo.

Talvez um distanciamento como este seja uma realidade há tanto tempo em sua família que nada do que descrevi lhe pareça estranho. Sejamos corajosas o suficiente para admitir se estamos perpetuando um padrão familiar de divisão e falta de perdão.

13 DE MAIO

*Tão certo como eu vivo, diz o Senhor Soberano,
vocês não citarão mais esse provérbio em Israel.*

EZEQUIEL 18:3

Seus filhos já lhe acusaram de ser injusta sobre algo? Algumas vezes meus filhos fizeram isso — como doeu! Então, para ter certeza de que eu havia entendido, eles continuaram e continuaram falando sobre isso até que eu ficasse farta do assunto.

Durante aquele tempo, eu disse coisas como: "Eu já ouvi isso da sua boca mais vezes do que eu gostaria! Você está me acusando de uma coisa que não é verdade! Basta! Pare com isso!". Deus estava dizendo algo semelhante em Ezequiel 18, onde Ele explica com clareza e exemplos. Mas podemos sumarizar isso em duas palavras: *responsabilidade pessoal*.

14 DE MAIO

*Mas, apesar de tudo isso, somos mais
que vencedores por meio daquele que nos amou.*

ROMANOS 8:37

Devemos acreditar na verdade, não nas mentiras do inimigo. Podemos ser libertas dos efeitos e da prática do pecado de nossa linhagem familiar. Permita-me dizer algo com muita delicadeza e compaixão: Você não é a exceção, nem tampouco a sua situação. Em todas as coisas podemos ser vencedoras, mas, de fato, somente por meio do Deus que nos ama.

Falamos anteriormente sobre fé *versus* incredulidade. Lá no fundo, na parte mais íntima do seu coração, quando você olha para seus hábitos e armadilhas antigas, ou mesmo para seus pais, você pensa: *Não adianta, eu sempre serei assim!* Por favor, abandone toda forma de incredulidade ou ela impedirá que a liberdade seja um fato em sua vida.

15 DE MAIO

*Não foi por suas espadas que eles conquistaram
a terra, não foi pela força de seus braços que
alcançaram vitória. Foi pela tua mão direita e pelo
teu braço forte, pela luz intensa do teu rosto.*

SALMO 44:3

A maioria das pessoas que eu conheço que vive em liberdade precisou lutar para superar poderosas fortalezas e obstáculos. Normalmente, elas valorizam a vitória e estão prontas a fazer o necessário para alcançá-la, pois já experimentaram a miséria da derrota. É raro encontrar pessoas que aprenderam a confiar plenamente em Deus sem terem sido dolorosamente confrontadas com o fato de que não podem confiar em si mesmas.

Se você se apegar a Deus, se tornará tão distinta no Corpo de Cristo que, querendo ou não, será um exemplo ou líder para outros. É isso que acontece quando as pessoas se tornam vitoriosas.

16 DE MAIO

Amar a Deus significa obedecer
a seus mandamentos.
E seus mandamentos não são difíceis.
1 JOÃO 5:3

A rebeldia começa com brincadeiras e jogos, mas acaba se tornando um trabalho árduo. Deus permite que a rebelião até se transforme em um pesado fardo depois de certo tempo. Com certeza nem toda aflição física é causada pela rebeldia, mas esta pode provocá-la. Lembro-me de uma fase na faculdade em que me rebelei contra Deus. Perdi meu apetite e fiquei fisicamente doente. Sei que eu não fui a primeira pessoa na história a adoecer por causa do pecado.

Sim, mesmo que todas as respostas de Deus para conosco sejam provas do Seu amor e não de Sua condenação por estar zangado, Ele nos ama o suficiente para nos tornar infelizes em nossa rebelião.

17 DE MAIO

Demos as costas para ele e desviamos o olhar;
ele foi desprezado, e não nos importamos.
ISAÍAS 53:3

A traição é motivada pelo egoísmo, mas nem sempre pela maldade. Não acredito que todo cônjuge que tenha um caso extraconjugal queira destruir o outro que foi traído. De fato, um traidor pode se arrepender sinceramente da dor que seu egoísmo causou.

No caso de Jesus, entretanto, a traição de Judas assumiu a pior forma. Mesmo sabendo que Judas o trairia, ainda assim, creio que Jesus ficou devastado.

Ter o coração despedaçado por uma traição é uma das experiências mais difíceis que podemos enfrentar. Então, para conhecer a fundo como restaurar um coração ferido dessa maneira, Cristo escolheu experimentar a mesma dor.

18 DE MAIO

*Quero conhecer a Cristo, ao poder da sua
ressurreição e à participação em seus sofrimentos.*
FILIPENSES 3:10 (NVI)

Nem sempre o Senhor nos conta porque Ele permite que experimentemos alguns sofrimentos, mas, certo dia, Ele me deu graciosamente esse versículo para explicar a razão pela qual eu havia sofrido uma dolorosa traição. Oro continuamente para ser como Cristo, mas quando Ele me permite "participar" em algum de Seus sofrimentos, tendo a choramingar e seguir em frente.

Poucas de nós escaparão de serem traídas de uma maneira ou de outra, contudo escolheremos participar com Cristo quando isso acontecer? Escolheremos confiar na soberania de nosso Pai celestial que permitiu que tal traição acontecesse?

A traição pode ferir e ferir, ou pode ferir e se tornar proveitosa. A escolha é nossa!

19 DE MAIO

Sim, vivemos sob constante perigo de morte,
porque servimos a Jesus, para que a vida
de Jesus se manifeste em nosso corpo mortal.
2 CORÍNTIOS 4:11

Um tempo atrás, Deus inseriu uma época de perda em minha vida que durou dois anos, estes foram os mais difíceis da minha vida adulta até hoje. Perdemos nosso filho, Michael, para sua mãe biológica, depois de ele ter permanecido conosco por sete anos. Minha mãe foi diagnosticada com câncer e faleceu. Duas de minhas melhores amigas se mudaram para longe, assim como nossa filha mais velha, Amanda, que foi para faculdade.

A vida envolve mudança. Mudança envolve perda. Perda, de uma maneira ou de outra, envolve morte. Entretanto, cada vez que sofremos uma perda, deparamo-nos com a oportunidade de transformá-la em ganho para a causa de Jesus ao permitirmos que a vida dele seja revelada em nós.

20 DE MAIO

Muitos dos judeus que estavam com Maria
creram em Jesus quando viram isso.
JOÃO 11:45

Cristo jamais permite que o coração dos Seus seja estilhaçado sem um propósito excelente e eterno. Jesus amava profundamente Maria e Marta; mesmo assim, Ele deliberadamente permitiu que elas sofressem uma perda. Nosso Pai nunca permitirá que o nosso coração sofra por motivos banais.

Podemos nunca compreender as razões da mesma maneira que Maria e Marta as compreenderam, mas será que conseguimos andar por fé e crer no melhor de Cristo? Entenda isto: a perda mais prejudicial para o cristão não é a de uma pessoa amada, mas a perda da fé. Você percebe que perder a fé pode se tornar uma forma de escravidão?

21 DE MAIO

Chegou a hora do casamento do Cordeiro,
e sua noiva já se preparou.
APOCALIPSE 19:7

Esse versículo e o seu contexto em Apocalipse 19 descrevem a reunião coletiva de todos os crentes com Cristo nas bodas do Cordeiro. Contudo, esse versículo em particular implica uma responsabilidade importante para a Noiva.

Perceba no final do versículo como a ação da Noiva é descrita: ela "já se preparou". Ou seja, ela se aprontou, o tempo verbal está no passado. Não podemos deixar para nos aprontar somente quando encontrarmos Jesus face a face, pois nenhuma mulher consegue se arrumar três minutos antes de encontrar seu noivo no altar. Eu quero estar pronta, e você? Com certeza não quero ser vista com bobes espirituais no cabelo!

22 DE MAIO

Honre-o, pois ele é seu senhor.

SALMO 45:11

Uma parte importante para nos prepararmos espiritualmente é conhecer e estudar sobre o nosso Noivo. Podemos aprender muito sobre como fazer isso no Salmo 45.

1. Não podemos evitar amá-lo, uma vez que Ele nos ama encantado por nossa "beleza" (v.11).

2. Não podemos deixar de respeitá-lo por conta do Seu caráter. "Palavras graciosas fluem de teus lábios" (v.2).

3. Ficamos completamente admiradas por Sua Pessoa quando Ele cavalga "em majestade" (v.4).

4. Experimentamos plena alegria nele, mais do que sentimos na companhia de qualquer outro (v.7).

Contemple seu Noivo — Aquele para quem você está se preparando. Apronte-se!

23 DE MAIO

Ora, quem é você, mero ser humano,
para discutir com Deus?

ROMANOS 9:20

Ao que tudo indicava, minha adorável filha caçula tinha vindo ao mundo para conquistar. Quando tinha dois anos, ela gostava de andar à frente da família para parecer que havia chegado sozinha. Ela nasceu com uma personalidade autoritária e parecia pensar que eu, Keith e ela estávamos no mesmo nível. Se eu ganhasse uma moeda para cada vez que precisei dizer: "Eu, mãe. Você, filha!", ela herdaria uma fortuna!

Repetidas vezes, Deus afirma em Sua Palavra que Ele está no controle. Ele deseja nos transformar de dentro para fora — renovando nossa mente, eliminando nossas tendências autodestrutivas e nos ensinando a criar novos hábitos que respeitem Sua autoridade.

24 DE MAIO

Disseram: "Nada disso! Entraremos
na batalha, montados em cavalos velozes".
A única velocidade que verão,
porém, será a de seus inimigos os perseguindo!

ISAÍAS 30:16

Sem a intervenção divina em nossa vida, todas nós tendemos a ser cabeças-duras. Queremos ser donas de nós mesmas, mas convenhamos: mandar em nós mesmas é um ingresso para a vida em cativeiro. Precisamos refletir cuidadosamente sobre o iminente desastre que aguarda aqueles que apresentam sinais de serem filhos rebeldes, alguém que...

1. Não age como filho de Deus.
2. Não se dispõe a ouvir instruções.
3. Prefere ilusões à verdade.
4. Depende da opressão.
5. Aprende a confiar em enganos.
6. Foge das respostas verdadeiras.

O barro que insiste em agir como Oleiro, inevitavelmente, acabará em pedaços.

25 DE MAIO

Deus nos deu seu Espírito como prova
de que permanecemos nele, e ele em nós.
1 JOÃO 4:13

Sob a forma do Espírito Santo, Deus habita na vida de quem recebe o Seu Filho como Salvador. Deus não tem como deixar de ser amor, assim como não pode deixar de ser espírito. Desse modo, quando o Espírito de Deus vem morar em nossa vida, o Seu amor o acompanha.

Percebe como tudo se encaixa? Onde quer que Deus seja recebido, o Seu Espírito é liberado. Onde quer que seu Espírito seja liberado, Seu amor também o será. E onde quer que você encontre Seu amoroso Espírito, lá encontrará sua liberdade. E como o Espírito de Deus é liberado? Através da confissão, ou concordância com a Sua palavra. Em toda área de nossa vida que permitirmos o amor de Deus adentrar, usufruiremos de contentamento e liberdade.

26 DE MAIO

Que eles experimentem unidade perfeita,
para que todo o mundo saiba que tu me enviaste
e que os amas tanto quanto me amas.

JOÃO 17:23

Isto pode definitivamente surpreendê-la: Você sabia que Deus testifica aos outros o quanto Ele a ama? É isso o que Jesus diz ao Seu Pai nessa oração de João 17.

Isso seria um novo conceito para você? Observe o quanto Deus a ama. Cristo deseja que "todo o mundo" saiba que o Pai ama você e eu do mesmo modo que Ele ama Seu Filho. Deus se deleita em amar você!

Você que crê, prossigamos genuinamente em nossa jornada de fé! Levantemos de nosso leito de morte da incredulidade. Comecemos a crer no amor que o Pai tem por nós.

27 DE MAIO

Portanto, como filhos amados de Deus,
imitem-no em tudo que fizerem.
EFÉSIOS 5:1

Deus nos chama para agir como Suas filhas amadas, o que de fato somos. Pare um pouco e reflita sobre essa admoestação. Para termos uma perspectiva melhor, vamos traçar um paralelo entre os filhos de Deus e os filhos de pais naturais. Não precisamos ter uma especialização em desenvolvimento infantil para supor como as crianças se sentem e se comportam de maneira diferenciada baseadas no fato de elas crerem ou não que são verdadeiramente amadas.

Às vezes, os pais terrenos não são amorosos ou não sabem expressar apropriadamente o amor por seus filhos. Deus, por outro lado, não é humano como nós. Ele ama perfeitamente. Aqueles que creem que Deus os ama se comportarão diferente dos demais em suas atitudes e escolhas.

28 DE MAIO

Deus mostrou quanto nos amou ao enviar
seu único Filho ao mundo para que,
por meio dele, tenhamos vida.

1 JOÃO 4:9

O amor de Deus é infalível. Por isso, sempre que sentimos que Deus não nos ama, é a nossa percepção que está errada. Quando percebemos que estávamos acreditando em uma mentira, nossas amarras perdem sua força.

Nesses momentos podemos orar assim: "Não estou me sentindo amada ou mesmo amável, mas a Tua Palavra diz que tu me amas tanto que deste Teu Filho por mim. Eu não sei porque ainda não me sinto amada, mas neste momento eu escolho crer na verdade de Tua Palavra. Eu rejeito as tentativas do inimigo de me fazer duvidar do Teu amor. Também peço perdão pelo pecado da incredulidade".

29 DE MAIO

Sei que o SENHOR está sempre comigo; não serei abalado, pois ele está à minha direita.

SALMO 16:8

A palavra hebraica para "mente" é *yetser*[1]. Ela me lembra o que eu e meus irmãos deveríamos dizer quando nosso pai, o major do Exército, nos mandava fazer algo. Com certeza é na mente que decidimos se responderemos "sim, senhor!" ou "não, senhor!" quando o nosso Pai celestial nos dá uma instrução ou comando.

Um dos significados de *yetser* é a ideia de uma moldura, como a moldura de um quadro. Nossa mente trabalha para "enquadrar" toda circunstância, tentação e experiência pela qual passamos. Entendemos esses acontecimentos a partir da nossa perspectiva e contexto. Logo, à medida em que as batalhas em seus pensamentos são vencidas, de que maneira isso poderia ajudá-la a "enquadrar" diferentemente as situações vividas?

[1] N.T.: Aqui a autora faz um trocadilho entre a sonoridade do termo hebraico *yetser* e a expressão em inglês "sim, senhor!" *(yes, sir!)*.

30 DE MAIO

Senhor, tu nos concederás paz;
sim, tudo que realizamos vem de ti.
ISAÍAS 26:12

Certa vez, fui magoada por alguém muito próximo, e a dor em meu coração parecia um ferro incandescente. Durante o dia, eu lia ou recitava as Escrituras quando meus pensamentos começavam a me derrotar, mas os piores ataques aconteciam à noite.

Correndo o risco de você pensar que sou lunática, vou lhe contar o que eu fazia: quando eu me deitava na cama para dormir, abria minha Bíblia em trechos que falavam ao meu coração sobre aquele momento e literalmente deitava minha cabeça sobre a Bíblia aberta até adormecer. O Espírito Santo nunca deixou de trazer conforto e alívio a minha mente — não por causa desse "ritual", mas porque pela fé eu acreditava que Ele realizaria o que a minha postura simbolizava.

31 DE MAIO

Ele ouviu os gemidos e se lembrou da aliança
que havia feito com Abraão, Isaque e Jacó.
ÊXODO 2:24

Quase todas as vezes que você vê Deus descrito nas Escrituras lembrando-se de algo ou de alguém, Ele se move para agir em seu favor. "Ele se lembrou" e logo veio ao resgate dos Seus.

Como isto se aplica a nós? Deus conhece os nossos sofrimentos desde os seus primeiros indícios. Entretanto, o Senhor deseja que clamemos a Ele pedindo especificamente por Sua ajuda.

Nenhum lamento ou gemido de um filho de Deus passa despercebido pelo Pai. Ele sempre tem a missão de resgate planejada. Quando a hora certa chegar, você pode ter certeza que Deus agirá em favor de Seus filhos.

1º DE JUNHO

Portanto, irmãos, vocês não têm de fazer
o que sua natureza humana lhes pede.

ROMANOS 8:12

Nem todo pensamento aprisionador vem de experiências dolorosas. Nossos pensamentos podem estar presos a alguém ou a algo que acaricia nosso ego ou satisfaz nossos desejos carnais. Colocando de forma bem direta, pensamentos aprisionadores são pensamentos controladores, coisas sobre as quais você se detém mais do que deveria.

Levar os pensamentos cativos a Cristo não significa que nunca mais teremos certo pensamento. Significa aprender a "pensar o pensamento" sob a ótica de Cristo e de quem somos nele. Quando ligamos nossos pensamentos a Cristo, eles nos causam cada vez menos desespero. Eles não nos controlarão mais. Com o poder do Espírito Santo, nós *os* controlaremos.

2 DE JUNHO

Virá o dia, porém, em que curarei
as feridas de Jerusalém e lhe
darei prosperidade e paz verdadeira.

JEREMIAS 33:6

É extremamente natural que a mãe sofra com a perda de um filho. Mas se 10 anos depois, essa mãe continuar sendo consumida pela dor e amargura que inibem todo tipo de consolo e cura, ela está presa em uma fortaleza entre o luto apropriado e a restauração gradual.

O inimigo se aproveita de emoções normais de amor ou perda, tornando-as desproporcionalmente doentias. Elas podem consumir nossa vida se não atentarmos para tais esquemas. O luto nunca foi pecado, de forma alguma. Mas é pecado não permitir que Deus, com o passar do tempo, traga consolo e cura para sua vida.

3 DE JUNHO

Pois, "Quem conhece os pensamentos do Senhor?
Quem sabe o suficiente para instruí-lo?".
Mas nós temos a mente de Cristo.
1 CORÍNTIOS 2:16

Apesar de termos a mente de Cristo, ainda temos a capacidade de pensar com a mente carnal. É como se fôssemos mentalmente bilíngues. Para experimentar a libertação proveniente do Senhor, devemos tornar o idioma dele a nossa língua materna.

Entenda desta maneira: minha filha mais velha é quase fluente em espanhol, mas ela ainda pensa a maior parte do tempo em inglês. Por quê? Porque ela pratica mais sua língua materna e seus pensamentos acompanham a língua que ela mais usa.

O mesmo princípio é válido para mim e para você. Pensaremos na língua que mais praticamos: a nossa ou a de Cristo!

4 DE JUNHO

Contudo, há outra lei dentro de mim
que está em guerra com minha mente.

ROMANOS 7:23

Deus não nos libertará de algo que tenha nos escravizado até que nossa mente se torne a mente de Cristo naquele assunto. Por exemplo, pense no encarceramento da falta de perdão. Quando queremos ser livres do fardo de não perdoar, queremos que Deus simplesmente remova de nossa mente quem nos ofendeu. Queremos que Ele agite uma varinha mágica para que nunca mais pensemos naquela pessoa novamente.

Não é assim que Deus age. Ele quer transformar e renovar nossa mente para que possamos conceber os pensamentos de Cristo quanto à pessoa que devemos perdoar.

5 DE JUNHO

*Deixem que o Espírito renove
seus pensamentos e atitudes.*
EFÉSIOS 4:23

Em minhas viagens converso com um número surpreendente de mulheres que confessam estarem envolvidas em casos extraconjugais. Por vezes, tenho o alívio de ouvi-las dizer que se arrependeram e se afastaram de tal situação em obediência a Deus. Contudo, com a mesma frequência elas declaram: "Ele não está mais na minha vida, mas não consigo tirá-lo da minha mente".

Vejo a sinceridade no coração delas. Deus já perdoou o pecado, mas a fortaleza mental ainda é sufocante. Sei que superar isso exige perseverança, mas muitas pessoas desistem antes que os pensamentos antigos cedam! Prometa cooperar totalmente com Deus. Dedique tempo para renovar sua mente. Você será vitoriosa e Satanás será derrotado.

6 DE JUNHO

*O povo santo deve ser
perseverante e permanecer fiel.*

APOCALIPSE 13:10

Como uma discípula de Jesus submete seus pensamentos à verdade? Crendo, falando e aplicando a verdade como um estilo de vida. Esse passo é algo que vivemos, não somente algo que fazemos.

Não podemos simplesmente dizer a um cachorro: "senta!", e esperar que ele fique sentado por uma semana. Mesmo que tenhamos trabalhado com afinco para ensinar o cachorro a obedecer ao comando, ele não ficará sentado para sempre. Não alcançamos a vitória uma vez e pronto, nunca mais precisaremos nos incomodar com esse problema no pensamento. Nossa vida mental é algo com a qual lutaremos pelo restante de nossa vida se desejamos ser conforme a vontade de Deus.

7 DE JUNHO

Não há uma única pessoa na terra
que sempre faça o bem e nunca peque.
ECLESIASTES 7:20

Muitas situações ou circunstâncias da vida podem nos impedir de experimentar verdadeiramente a presença de Deus. Por exemplo, não passar um tempo adequado com Ele afetará consideravelmente o usufruir genuíno de Sua presença. Ter uma vida de oração atrofiada também rouba nossa alegria, assim como a atitude de cultivar a amargura ou a ira contra alguém.

O homem ou mulher que estuda a Palavra de Deus em profundidade e ainda experimenta um prejuízo constante em sua experiência com Deus geralmente sofre de uma condição com um nome repulsivo: *legalismo*. Não podemos agradar a Deus ou encontrar liberdade meramente por cumprir regras. Nunca foi assim, e jamais será.

8 DE JUNHO

O que a lei permite fazer no sábado?
O bem ou o mal? Salvar uma vida ou destruí-la?
LUCAS 6:9

Os fariseus tinham uma compreensão superficial de Deus e não experimentavam a alegria de Sua presença. Eles não compreendiam que o sábado era algo que Deus havia estabelecido para o nosso benefício, não para o nosso aprisionamento.

No relato bíblico de Lucas 6, quando Jesus curou o homem que tinha a mão direita deformada, o maior benefício que Cristo poderia lhe oferecer era o relacionamento com o Salvador. O Senhor escolheu começar esse relacionamento por meio de uma cura. Porém, os fariseus tentaram suplantar toda a alegria desse acontecimento substituindo o relacionamento por regulamentos. Não precisamos sequer ponderar quem mais apreciou a companhia de Cristo naquele dia!

9 DE JUNHO

*Ele os reconciliou consigo por meio da morte
do Filho no corpo físico. Como resultado,
vocês podem se apresentar diante dele santos,
sem culpa e livres de qualquer acusação.*

COLOSSENSES 1:22

Todas nós temos uma mistura de bom, mal e feio em nossas linhagens familiares. Precisamos nos certificar de que não herdamos nenhuma algema de segunda mão que possa interferir nos benefícios incalculáveis de nossa aliança e relacionamento com Cristo.

O Senhor despedaçou as correntes de todo tipo de cativeiro quando entregou a Sua vida por nós na cruz. Muitas de nós, entretanto, ainda as carregamos em nossos punhos ou penduradas em nosso pescoço simplesmente por hábito, falta de consciência ou de conhecimento bíblico. Não precisamos nos envolver em nenhum tipo de embate familiar. Mas precisamos reconhecer quaisquer cadeias herdadas e pedir que Deus as remova.

10 DE JUNHO

Darei a Jerusalém um rio de paz e prosperidade;
as riquezas das nações fluirão para ela.

ISAÍAS 66:12

A Palavra de Deus não diz que teremos paz como uma lagoa. Para sermos honestas, precisamos admitir que muitas vezes consideramos as pessoas muito pacíficas tão enfadonhas, como se estivessem a um suspiro da morte. Estamos inclinadas a pensar: *Eu preferiria abrir mão da paz e ter uma vida emocionante!* Mas você já viu uma corredeira com águas espumantes? Poucos afluentes d'água são mais interessantes do que os rios!

Quando Deus usou a analogia do rio, Ele descreveu a paz que permanece quando a vida rodopia, faz curvas e rola por cima de pedras. Isso significa ter segurança e tranquilidade mesmo ao enfrentar as muitas colisões e reviravoltas inesperadas durante a jornada da vida.

11 DE JUNHO

Teu amor é melhor que a própria vida;
com meus lábios te louvarei.

SALMO 63:3

Podemos presumir que a nossa alma está faminta e sedenta de Deus se já faz algum tempo que não usufruímos de alimento e bebida espiritual. As almas acostumadas à nutrição espiritual tendem a ter um apetite mais desenvolvido. No Salmo 63, Davi revela que ele estava habituado a contemplar o poder e a glória de Deus. Por isso, ele sentia falta do refrigério proveniente de Deus quando não o tinha.

Temos a mesma tendência. Quanto mais nos satisfazemos com o amor de Deus e Sua presença, mais ansiamos por tê-los. Por outro lado, podemos passar tempo demais distantes do Senhor e não mais sentirmos fome ou sede dele. Somente Deus pode satisfazer o anelo de nossa alma.

12 DE JUNHO

*Então o Senhor será sua alegria; grande honra
lhes darei e os sustentarei com a propriedade que
prometi a seu antepassado Jacó.*

ISAÍAS 58:14

Deus não mede a nossa temperatura espiritual com um termômetro em nossa boca para verificar as palavras que dizemos, nem em nossa orelha para constatar os ensinamentos impressionantes que escutamos, nem ainda debaixo do nosso braço para conferir o serviço que prestamos. Deus mede a nossa temperatura espiritual diretamente em nosso coração.

Entenda, a jornada rumo à libertação tem a ver com o relacionamento, não com regulamentos. É sobre aprender a como usufruir plenamente da presença de Deus. Às vezes, ao longo do caminho, seus olhos serão abertos para coisas que você preferiria não ver. Porém, se alguém lhe perguntar se a leitura desse livro foi produtiva ou não, eu gostaria que você pudesse responder de todo coração: "Na verdade, eu apreciei estar com Deus".

13 DE JUNHO

O amor do SENHOR não tem fim!
Suas misericórdias são inesgotáveis.

LAMENTAÇÕES 3:22

Quando me refiro a algo que tenhamos herdado, estou falando de qualquer coisa que pode ter sido aprendida no ambiente familiar, uma predisposição genética ou uma influência aprisionadora transmitida por outras formas. Não me achego a você baseada na ciência ou na psicologia, mas em nome da liberdade que Cristo vem lhe oferecer.

É possível que você tenha herdado tantas cadeias que seja difícil olhar para o passado. Minha oração específica por você é para que Deus a ajude a enxergar aspectos positivos em sua história. Olhando para a minha infância, vejo experiências muito repulsivas, mas consigo perceber também a mão misericordiosa de Deus agindo. Você consegue?

14 DE JUNHO

A terra que me deste é agradável;
que herança maravilhosa!

SALMO 16:6

Não precisamos deserdar ou desonrar nossa ascendência natural para aceitar e respeitar nossa estirpe espiritual. Deus reconhece plenamente e deseja usar ambas "linhagens" para Sua glória, mas a nossa linhagem espiritual pode sobrepujar e anular qualquer efeito negativo persistente de nossa linhagem natural.

Não permita que o inimigo a atinja colocando pesos espirituais sobre você. Vamos manter uma postura positiva mesmo em nossos aspectos negativos, pois apresentá-los diante de Deus é o primeiro passo para a cura e a conquista da liberdade. Se você se deparar com algo doloroso, agradeça a Deus imediatamente por Ele estar pronto e desejoso para tratar tudo aquilo que você herdou e que lhe aprisiona.

15 DE JUNHO

Quanto sofrimento haverá no mundo por causa
das tentações para o pecado!
Ainda que elas sejam inevitáveis, aquele que
as provoca terá sofrimento ainda maior.

MATEUS 18:7

Cristo curou as pessoas de várias maneiras diferentes. Às vezes através de um toque, outras mediante uma palavra. No relato de Mateus 18, Cristo ofereceu a cura por meio da verdade.

Encontrei uma cura muito significativa nesse trecho específico das Escrituras. Aprendi o quanto eu era importante para Jesus quando criança. Também consegui conceber o quanto Ele detestava o que havia acontecido comigo.

E aprendi, talvez o que seja a maior lição de todas, que as Escrituras são o curativo mais potente usado por Deus para curar corações dilacerados na infância.

16 DE JUNHO

Busque no Senhor a sua alegria,
e ele lhe dará os desejos de seu coração.
SALMO 37:4

Um coração inteiramente devotado a Deus normalmente é confiável. Por exemplo, se o coração de um homem ou mulher pertence completamente a Deus, e esta pessoa não deseja se casar ou ter filhos, provavelmente ela é chamada para uma vida de solteirismo ou sem filhos para buscar outros propósitos divinos. Talvez a tradução do Salmo 37:4 apoie essa declaração.

Por outro lado, raramente podemos confiar em corações que *não* estão rendidos a Deus. Até que submetamos nossas esperanças e sonhos a Cristo, temos pouquíssimas chances de descobrirmos o que nos preenche.

17 DE JUNHO

Os estrangeiros que vivem entre vocês
se tornarão cada vez mais fortes, enquanto
vocês se tornarão cada vez mais fracos.

DEUTERONÔMIO 28:43

Uma moça cristã tem um pai violento e abusivo. Ela cresce com medo e aversão a homens. Satanás providencia uma mulher um pouquinho mais velha que se mostra gentil e atenciosa. Essa amizade reconfortante se torna um relacionamento físico, logo a jovem assume que deve ser homossexual. No fundo do seu coração, ela sabe que está fazendo algo errado, mas se sente desamparada sem a companhia da outra mulher. Assim, essa jovem se afasta de todos os seus relacionamentos exceto dos que reforçam sua ligação nociva a mentiras.

Assustador, não é? Mas uso esse cenário explícito para afirmar que Satanás usará nossos vínculos doentios para nos manter atreladas aos nossos grilhões.

18 DE JUNHO

Mas, em tua grande misericórdia,
não os abandonaste para morrer no deserto.

NEEMIAS 9:19

Quando você começa a estudar o amor fiel, resgatador e compassivo de Deus nas Escrituras, descobre que uma palavra frequentemente usada para "compaixão" é o termo hebraico *racham*, que significa "aliviar, valorizar, amar profundamente como pais, ser compassivo e gentil; bebês pequenos geram esse sentimento" (essa última parte é a minha preferida dessa definição).

Nunca experimentei um sentimento mais incrível e inexplicável do que o nascimento das minhas filhas fizeram surgir em mim. Elas trouxeram à tona uma capacidade de amar que eu nunca havia experimentado. E pensar que nosso Pai nos ama assim! Uau!

19 DE JUNHO

Mas quem bebe da água
que eu dou nunca mais terá sede.

JOÃO 4:14

O encontro de Jesus com a mulher do poço nos apresenta algumas realidades da vida que precisamos urgentemente relembrar.

1. Nossa necessidade ou desejo insaciável por qualquer coisa em excesso é um sintoma de necessidades não atendidas ou "espaços vazios".

2. A salvação não é o mesmo que satisfação. Você pode ser genuinamente salva, mas ainda continuar insatisfeita.

3. A satisfação acontece quando todos os espaços vazios são preenchidos com a plenitude de Cristo.

4. Enquanto a salvação nos é concedida como um presente de Deus, a satisfação é encontrada nele à medida em que rendemos deliberadamente todas as áreas da nossa vida a Ele.

20 DE JUNHO

*Ressoa pelo céu, e seus relâmpagos
brilham em todas as direções.*

JÓ 37:3

Certa noite, quando eu tinha apenas vontade de chorar, decidi colocar meus fones de ouvido e sair para caminhar. O céu estava completamente escuro e parecia que não havia mais ninguém na rua além de mim. No entanto, quanto mais a música ressoava por minha alma, mais minhas lágrimas de dor se transformavam em lágrimas de adoração. Finalmente, parei de andar, levantei minhas mãos em louvor a Deus e o adorei.

Clarões de relâmpagos distantes começaram a brilhar como fogos de artifício no Ano Novo. Quanto mais eu cantava, mais parecia que o Espírito de Deus dançava nos lampejos de luz. Não tive muitas experiências como essa, mas foi como perceber de forma imediata e instantânea a compreensão do maravilhoso amor de Deus.

21 DE JUNHO

Ele nos despedaçou, agora irá nos sarar.
Ele nos feriu, agora nos fará curativos.

OSEIAS 6:1

Como podemos delinear a diferença entre um coração abatido e um coração dilacerado? A Bíblia define um coração dilacerado como um coração que sangra. Fazer um curativo em um coração sangrando remete à ideia de fazer uma bandagem, aplicando pressão em uma ferida séria para estancar a hemorragia. Que incrível figura de Cristo! Alguém estraçalhado e com dor se aproxima, e a mão empática e coberta de cicatrizes de Jesus pressiona a ferida. Por um momento a dor parece se intensificar, mas logo o sangramento estanca.

Você percebe a atuação íntima de Cristo quando estamos devastadas? E pensar que o acusamos de não se importar quando passamos por momentos de dor.

22 DE JUNHO

*Sendo assim, por que você o acusa? Por que diz
que ele não responde às queixas humanas?*

JÓ 33:13

Permita-me dizer como eu lido com os "porquês" da vida — aqueles para os quais não encontro respostas. Encontro muitas respostas possíveis na Palavra de Deus, encaixo-as nas minhas perguntas e confio nele quanto ao restante.

Não é tão simples quanto parece. É algo que, pela fé, preciso praticar todos os dias da minha vida, e encontro grande conforto e descanso nesse método. Saber que algo bom vindo de Deus pode surgir em meio ao caos da vida é um dos conceitos mais libertadores de toda a Palavra de Deus.

Não sei uma maneira melhor de dizer isto: até que todas as minhas questões sejam respondidas, as que Ele já respondeu serão suficientes para mim.

23 DE JUNHO

Disse comigo: "Confessarei ao Senhor a minha rebeldia", e tu perdoaste toda a minha culpa.
SALMO 32:5

Aquelas de nós que sofreram alguma violência na infância podem confirmar que um dos resultados disso é uma grande tendência para certos pecados. Parte da minha cura foi assumir a responsabilidade pelos meus próprios pecados, mesmo que às vezes as ações de outras pessoas tenham me levado a eles.

Talvez você seja como eu já fui. Você não quer assumir a responsabilidade por seus pecados por não achar que eles são sua culpa. Talvez se questione: "De que outra forma eu poderia reagir, já que minhas referências eram tão distorcidas?". Mas, entenda, não penso que confessar pecados tenha primeiramente a ver com culpa. Isso tudo tem a ver com liberdade!

24 DE JUNHO

Eu sou a ressurreição e a vida. Quem crê
em mim viverá, mesmo depois de morrer.
JOÃO 11:25

Para os que creem, qualquer tipo de morte é um convite à vida ressurreta. Nada é mais natural do que o luto após uma perda devastadora, mas quem está em Cristo pode experimentar a vida com satisfação novamente. Talvez o milagre mais profundo de todos seja sobreviver a algo que pensávamos que nos mataria. Não somente sobreviver, mas viver a vida abundante e efetiva — ressurreta de uma morte em vida para a nova vida. Sim, será uma vida com a ausência de alguém ou de algo precioso para você, mas preenchida com a presença da Ressurreição e da Vida. Você continuará sentada numa tumba escura, ou se erguerá e caminhará sob a luz da vida ressurreta?

25 DE JUNHO

Então rasgou sua túnica, jogou cinzas
sobre a cabeça e, cobrindo o rosto
com as mãos, foi embora chorando.

2 SAMUEL 13:19

No Antigo Testamento, as pessoas cobriam a cabeça com cinzas como um sinal de luto. As cinzas eram um lembrete da mortalidade humana. Aqueles que se cobriam com elas diziam simbolicamente que, sem Deus, seriam nada mais do que cinzas.

Gosto de algumas dessas práticas antigas, talvez porque eu também seja bastante expressiva. Mas acredito que todas nós, ocasionalmente, podemos nos libertar um pouco através da demonstração dos sentimentos. Suprimir emoções apenas gera estoques de explosivos. A Palavra de Deus constantemente reconhece nosso lado emocional.

26 DE JUNHO

Minha grande expectativa e esperança é que [...]
Cristo seja honrado por meu intermédio.

FILIPENSES 1:20

Já percebeu que você pode experimentar liberdade em um aspecto da vida, mas continuar presa em outro? Às vezes, permitimos que Deus tenha autoridade completa em uma área, mas o proibimos de agir em outra.

De que maneira então podemos ser plenamente libertas? Será que podemos estudar a Palavra de Deus até finalmente experimentarmos a libertação? Podemos orar até conquistá-la? Podemos repreender o inimigo com tanta determinação que conseguiremos nos soltar de suas garras? Não! Entenda: até que escolhamos parar de reter parte de nossa vida e submetamos todo nosso ser à autoridade de Deus, não experimentaremos a liberdade plena. A chave para a libertação é entregar tudo ao Senhor.

27 DE JUNHO

Pois desci do céu para fazer a vontade daquele
que me enviou, e não minha própria vontade.

JOÃO 6:38

Você sabe qual era o maior propósito de Cristo durante a Sua vida terrena? Ele o proclamava repetidamente: o Filho unigênito veio cumprir a vontade de Seu Pai.

Sim, até mesmo o Pai e o Filho tinham um relacionamento de Oleiro e barro. Cristo obedeceu ao Oleiro. Como um vaso de barro nesta Terra, Jesus precisou confiar completamente em Seu Pai. Apesar de a rejeição, o sofrimento e a vergonha fazerem parte de Sua experiência, Cristo aceitou o ministério oferecido por Deus a Ele mesmo nos momentos difíceis. Pois o Filho confiava no coração do Pai. "Meu alimento", disse Jesus, "consiste em fazer a vontade daquele que me enviou e em terminar a sua obra" (JOÃO 4:34).

28 DE JUNHO

Mas, se confessamos nossos pecados,
ele é fiel e justo para perdoar nossos pecados
e nos purificar de toda injustiça.

1 JOÃO 1:9

Lembre-se novamente: Vidas obedientes não são vidas perfeitas. A obediência não significa viver completamente sem pecado, mas se arrepender e confessar *quando* pecar. Obediência não é alcançar um estado perpétuo de piedade santa, mas seguir a Deus com afinco perpetuamente.

Obediência não significa viver miseravelmente seguindo uma lista de regras rígidas e opressoras, mas convidar o Espírito de Deus a fluir livremente através de nós. Obediência significa aprender a amar e a valorizar a Palavra de Deus e a vê-la como nossa segurança. A obediência é a principal chave que aciona a liberdade que há Cristo e a torna realidade em nossa vida.

29 DE JUNHO

*O Senhor é a fortaleza de minha vida;
então, por que estremecer?*
SALMO 27:1

Tenho um receio terrível — ter que obedecer a uma autoridade ímpia. Caso você pense que a obediência é algo fácil para mim, deixe-me esclarecer algumas coisas. Submissão e subserviência são tão fáceis para mim quanto abraçar uma ninhada de porcos-espinho. Uma criança que foi forçada a fazer coisas que não queria fazer jamais gostará de receber ordens — de ninguém!

Porém, o Senhor tem me ensinado a lidar com isso. Aos poucos, tenho aprendido a confiar em Sua soberania o suficiente para crer que todo aquele que eu tiver que obedecer nesta Terra deverá ser muito cuidadoso comigo, senão eles terão que responder a Deus!

30 DE JUNHO

Portanto, como prisioneiro no Senhor,
suplico-lhes que vivam de
modo digno do chamado que receberam.
EFÉSIOS 4:1

Uma mudança profunda ocorreu em minha aproximação diária com Deus quando percebi que Ele desejava que eu andasse com Ele. Por anos, pedi que Deus andasse *comigo*. Como se o barro tentasse moldar o Oleiro na roda! Eu queria pegar meus pezinhos de barro e sair caminhando por onde bem entendesse, contando com a Sua benção ao meu meigo coração egocêntrico.

Percebi afinal que as bênçãos de Deus viriam somente quando eu fizesse o que Ele dizia. Por segurança e pelo simples deleite em Deus, agimos bem quando aprendemos a andar com o Senhor ao invés de implorar que Ele caminhe conosco. Andar com Deus diariamente em busca da obediência é o meio seguro para realizar todos os Seus maravilhosos planos.

1º DE JULHO

Quando minha vida se esvaía,
me lembrei do Senhor, e minha oração
subiu a ti em teu santo templo.

JONAS 2:7

Muitas de nós gastamos energia sem medida tentando arduamente derrubar nossas fortalezas por conta própria. Já tentamos exercer força de vontade, psicologia secular, negação. Mas elas continuam firmes, não é mesmo? É por isso que elas precisam ser demolidas.

Para isso Deus nos deu duas cargas de dinamite: Sua Palavra e oração. Sabe o que é mais potente do que duas dinamites em locais separados? Atar e detonar ambas dinamites juntas. Quando unimos o poder da Palavra ao poder da oração, nós as acendemos com a fé no que Deus afirma poder fazer.

2 DE JULHO

Agora, porém, temos certeza de uma esperança
superior, pela qual nos aproximamos de Deus.

HEBREUS 7:19

A oração nos mantém em constante comunhão com Deus, o que é o objetivo de nossa vida de fé em Jesus Cristo. Sem sombra de dúvida, a vida sem oração é uma vida sem poder, e a vida de oração é uma vida poderosa.

Acredite ou não, o maior objetivo de Deus para nossa vida não é o poder, mas sim a nossa experiência pessoal de intimidade com Ele. Sim, Ele deseja nos curar, mas, acima de tudo, o Senhor deseja que conheçamos o nosso Médico. Sim, Ele quer nos dar a vida da ressurreição, porém, além disso, Deus deseja que conheçamos a Ressurreição e a Vida.

3 DE JULHO

Por isso o teu servo
achou coragem para orar a ti.
2 SAMUEL 7:27

Permita que esta verdade se infiltre em sua mente e coração: a vontade de Deus jamais será que foquemos em nossa batalha. A maneira mais rápida de perdermos nosso equilíbrio no combate é nos concentrarmos mais em repreender o diabo do que em nos relacionarmos com Deus.

Nossa força primordial na batalha é a santidade, algo conquistado somente por meio da intimidade com Deus. Portanto, Deus com certeza reforçará a oração como uma de nossas armas na batalha, pois Seu objetivo principal é nos manter unidas inteiramente a Ele.

A oração não é um meio para certa finalidade. Sob vários aspectos, ela mesma é a própria finalidade.

4 DE JULHO

Busque justiça, fidelidade,
amor e paz, na companhia daqueles que
invocam o Senhor com coração puro.

2 TIMÓTEO 2:22

A Bíblia fala especificamente sobre as batalhas que enfrentamos. Ela tem muito a dizer sobre combater o bom combate da fé e como nos tornarmos soldados bem treinados. Mas, em todos seus 66 livros, ela diz muito *mais* sobre a genuína busca por Deus, Sua justiça e Seu plano para a nossa vida.

Então, mesmo que devamos dedicar tempo e reflexão para nos tornarmos vitoriosas e combatentes bem equipadas nos enfrentamentos que nos ameaçam, devemos dedicar *mais* tempo ainda na busca pelo coração de Deus e de tudo o que lhe diz respeito. Há muito que aprender sobre a batalha, contudo, muito mais sobre o próprio Deus.

5 DE JULHO

Meus filhos, ouçam quando seu pai lhes ensina;
prestem atenção e aprendam a ter discernimento.

PROVÉRBIOS 4:1

Quando comecei a pesquisar a história do povo de Deus na Bíblia, eu esbarrava sempre neste denominador comum óbvio: idolatria. Isso não deveria ser uma surpresa.

Deus avisou Seu povo repetidas vezes que, se eles não resistissem aos falsos deuses das nações vizinhas, seriam atacados e Ele permitiria até que fossem subjugados. Entretanto, eles se voltaram à idolatria, e o Senhor permitiu que as coisas acontecessem como os havia alertado.

Algo muito sensato que devemos ter sempre em mente sobre a fidelidade de Deus é que Ele cumpre as Suas promessas, mesmo quando elas são promessas de julgamento e disciplina.

6 DE JULHO

*Pois vocês não receberam um espírito
que os torne, de novo, escravos medrosos, mas sim o
Espírito de Deus, que os adotou como seus
próprios filhos. Agora nós o chamamos "Aba, Pai".*

ROMANOS 8:15

Você e eu, como seguidoras de Cristo, fomos escolhidas para conhecer, crer e compreender que Deus é Deus. O Céu é o Seu trono, e a Terra é o estrado de Seus pés. Extraordinárias criaturas cantam dia e noite sem parar: "Santo, Santo, Santo é o Senhor Deus, o Todo-Poderoso".

Relâmpagos saem de Seu trono. Os ventos cumprem Seus desígnios. As nuvens são Sua carruagem. A Terra treme ao som de Sua voz. Quando Ele se levanta, Seus inimigos são dispersos.

E, apesar de tudo isso, este mesmo Senhor é nosso Pai, nosso *Aba*. Ele exige e merece nosso respeito. Sem isso, ficamos completamente desamparadas.

7 DE JULHO

Jesus disse: "Eu sou o caminho, a verdade e a vida.
Ninguém pode vir ao Pai senão por mim".

JOÃO 14:6

Dificilmente crer em Deus será mais desafiador do que quando temos fortalezas que precisam ser demolidas. Lutamos com essas fortalezas por muitos anos, tentando incontáveis soluções para nos libertar... com pouquíssimo sucesso.

O inimigo nos tenta sussurrando coisas como: "Você nunca será livre. Já tentou centenas de vezes, mas sempre retorna ao mesmo ponto. Você não tem jeito. Você é fraca. Você é um fracasso. Você não dispõem do que isso requer".

Entretanto, cada uma dessas afirmações é uma mentira se você é uma seguidora de Cristo. Você tem o que é necessário: Jesus — o Caminho, a Verdade e a Vida.

8 DE JULHO

Continuamos a pregar porque temos
o mesmo tipo de fé mencionada nas Escrituras:
"Cri em Deus, por isso falei".

2 CORÍNTIOS 4:13

Se você crê em Jesus Cristo, recebeu esse "mesmo tipo de fé". A palavra original para *espírito* é traduzida literalmente como *fôlego*. Quando você proclama a Palavra de Deus em voz alta, confiando nele — e não confiando na sua própria habilidade de crer — você está *respirando* fé. Crer e proclamar a Palavra de Deus é como receber uma bendita massagem cardíaca do Espírito Santo.

Por favor, lembre-se: a vontade de Deus é sempre para que você se liberte de suas fortalezas. Podemos não ter a certeza sobre o desejo de Deus nos curar fisicamente, mas Ele sempre deseja nos libertar das amarras que nos prendem. Continue orando!

9 DE JULHO

*O Senhor concedia vitórias
a Davi por onde quer que ele fosse.*

2 SAMUEL 8:6

Podemos seguir por um tempo pensando que nosso teatrinho está funcionando. Vivemos uma vida bem-sucedida por anos… mas não uma vida vitoriosa! Ah, como é sábio compreender essa diferença tão gritante!

A expressão "bem-sucedida" se aplica a como lidamos com os desafios razoavelmente contornáveis, que poderiam ser tão bem resolvidos por nós ou por alguém que não crê no Senhor. Ter uma vida bem-sucedida pode significar simplesmente que fomos poupadas de alguns dos problemas mais perturbadores da vida. Mas a vida *vitoriosa* significa viver como quem supera oposições como a de Golias. Viver vitoriosamente é nosso privilégio e chamado, como filhas redimidas de Deus, independentemente do que a vida trouxer ao nosso caminho.

10 DE JULHO

*No acampamento dos justos
há cânticos de alegria e vitória.*

SALMO 118:15

Por mais que eu desejasse que meu testemunho de vida fosse *derrota seguida por salvação, seguida por vitória completa,* as coisas não foram bem assim.

Na verdade, meu testemunho seria mais ou menos assim: *salvação, confusão, miséria, derrota, sucesso, mais derrota, fracasso não resolvido, e então vitória!*

Em essência, o que declaro é que existe vida após o fracasso — vida abundante, eficaz, cheia do Espírito — para aquelas que estão dispostas a se arrepender sinceramente e trabalhar pesado. A plenitude virá sobre nós somente quando nos entregarmos completamente a Deus e deixarmos que Ele preencha cada espaço vazio em nossa vida.

11 DE JULHO

*Quanto a mim, que eu jamais me glorie
em qualquer coisa, a não ser na cruz
de nosso Senhor Jesus Cristo. Por causa dessa cruz
meu interesse neste mundo foi crucificado,
e o interesse do mundo em mim também morreu.*

GÁLATAS 6:14

Deus pode nos usar, mas devemos prostrar nossa face em rendição, assumindo total responsabilidade pelo nosso pecado (não pelo de outras pessoas) e recebendo Sua amorosa disciplina. Assim, andaremos radicalmente na verdade revelada da Palavra de Deus.

Cada vencedor que conheço pessoalmente, sem exceção, que conseguiu se reerguer após uma terrível derrota, na verdade, passou a viver em vitória somente por meio de uma caminhada radical com Jesus Cristo. Para pessoas como eu, não há meio-termo. Aprendi da maneira mais difícil o que pode acontecer com quem anda à beira de um precipício. Você pode cair.

12 DE JULHO

*Pois falsos cristos e falsos profetas surgirão
e realizarão grandes sinais e maravilhas
a fim de enganar, se possível, até os escolhidos.*

MATEUS 24:24

Tragicamente, Satanás conseguiu enganar a maioria de nossas igrejas levando-as a um desequilíbrio quanto às coisas que as afetam ou as ameaçam. Nossa natureza humana é atraída a pólos opostos, como ímãs, e infelizmente aplicamos nossos extremos carnais aos púlpitos. Tendemos a dar crédito demais ao inimigo, ou a quase deconsiderá-lo como tal.

Afirmo e repito veementemente: é extremamente importante em nossos dias que andemos na verdade e na sã doutrina. Não podemos nos tornar cativas nesta hora de engano crescente e impiedade. Devemos permanecer na Palavra e declarar a vitória de Cristo sobre o inimigo!

13 DE JULHO

*Portanto, se afirmamos que temos
comunhão com ele, mas vivemos na escuridão,
mentimos e não praticamos a verdade.*

1 JOÃO 1:6

Enquanto os que seguem a Jesus debatem se os cristãos podem ou não ter depressão, nossas comunidades a experimentam em números recordes. Obviamente *podemos* e *temos*, de fato, passado pela depressão. O versículo acima tem sido mal interpretado, e servido para os que afirmam que os verdadeiros cristãos não experimentam fases sombrias.

Com certeza os cristãos são o povo da luz, mas às vezes a escuridão ao nosso redor é tão opressiva que podemos senti-la. Não, não somos "das" trevas, mas, por vezes, podemos "sentir" as trevas. A lição mais incrível oferecida em 1 João 1:6 é que o nosso desejo de caminhar em unidade com Deus em meio às dificuldades nos guiará pelos raios de Sua maravilhosa luz.

14 DE JULHO

Em minha aflição, clamei ao Senhor;
sim, pedi socorro a meu Deus. De seu santuário ele
me ouviu; meu clamor chegou a seus ouvidos.

SALMO 18:6

Coragem! Homens e mulheres de fé muito mais consagrados e frutíferos do que nós somos (ou seremos um dia) se degladiaram com a depressão. Lembre-se: a derrota acontece não devido à *luta* com a depressão, mas sim por desistir.

Amada, Deus jamais ignora sequer uma lágrima de alguém oprimido. Ele vê nosso sofrimento e sabe a profundidade de nossas necessidades. Ele sofre, mas espera… até que as lágrimas que caem em solo árido ou nos ombros de alguém igualmente frágil sejam derramadas diante do Seu trono. Ele espera — não até que o oprimido chore, mas até que clame a Ele. Somente então conheceremos Aquele que é Único capaz de nos redimir.

15 DE JULHO

"Porque eu sei os planos que tenho para vocês",
diz o Senhor. "São planos de bem, e não de mal,
para lhes dar o futuro pelo qual anseiam".

JEREMIAS 29:11

É muito comum considerar nossa alma como frágil e suscetível. Vivemos com medo daquilo que temos certeza que pode acontecer e convictas de que não sobreviveríamos caso acontecesse.

Mas, como filhas de Deus, somos frágeis apenas à medida que resistimos em voltar nossa face a Ele. Somente o nosso orgulho é frágil, pois uma vez que a capa dele é rompida e nosso coração é exposto, podemos começar a sentir o afago do cuidado terno de Deus.

Por favor, saiba que Deus tem um plano para você — o plano de dar-lhe um futuro pelo qual anseia, um futuro esperançoso. E até que esse plano do Senhor seja revelado e implementado, Ele sustentará consistentemente sua vida.

16 DE JULHO

*Mas quem obedece à palavra de Deus
mostra que o amor que vem dele
está se aperfeiçoando em sua vida.*

1 JOÃO 2:5

Devemos nos achegar e conhecer o amor de Deus por experiência própria. O Seu amor é mais profundo do que todo o conhecimento limitado que nossa mente é capaz de armazenar. Entretanto, podemos experimentá-lo na prática ao andar com o Senhor diariamente.

Por isso, precisamos alimentar em todo tempo a chama de Seu amor lendo as Escrituras, ouvindo canções edificantes e orando com frequência. Também devemos evitar aquilo que em nossa rotina possa abafar o Seu Espírito em nós. Quando desenvolvemos o hábito diário de convidar Seu amor a preencher nossos espaços vazios e nos certificamos de não sabotar o processo, Deus começa a nos satisfazer mais do que a nossa comida preferida.

17 DE JULHO

Sabemos quanto Deus nos ama
e confiamos em seu amor.

1 JOÃO 4:16

Eu sempre encontro esta frase em minha correspondência: "Tenho grande dificuldade em realmente acreditar e aceitar que Deus me ame tanto". Comecei a perguntar a Deus: "Por que, Senhor?". Até ofereci a Ele várias respostas de múltipla escolha: "É por causa de nosso histórico pessoal? Nossas mágoas de infância? O ensino errado que recebemos? Não sermos tratadas com amor pelas pessoas ao nosso redor?".

Eu teria continuado, mas Ele me interrompeu sem escolher nenhuma das opções que indiquei. Claro como o Sol, o Espírito ministrou ao meu coração: "O pecado da incredulidade é a resposta para o seu questionamento".

18 DE JULHO

Com o teu fiel amor, conduzes o povo que resgataste.
Com teu poder, o guias à tua santa habitação.

ÊXODO 15:13

A filha de Deus que confia em Seu amor tem segurança na liderança dele. Deus nos assegura de que não nos permite vagar sem rumo até adentrarmos ao Céu. Ele sabe os planos que tem para nós. Ele conduz aqueles que Ele redimiu para que possam cumprir Seu maravilhoso plano. Que conforto é saber que os lugares aos quais Deus escolhe nos guiar sempre fluirão de Seu amor fiel.

De fato, Deus nunca deixa de amar. Podemos despejar a frustração do nosso coração diante dele com confiança, pois sabemos que o Pai jamais nos rejeitará ou nos privará da segurança da nossa salvação.

19 DE JULHO

Examina-me, ó Deus, e conhece meu coração;
prova-me e vê meus pensamentos.
SALMO 139:23

Satanás é extremamente astuto. Por isso, apenas o nosso conhecimento nunca será suficiente para nos manter protegidas. O que você e eu precisamos é de um sentinela de prontidão guardando os muros da nossa mente. Eis a boa notícia: temos Aquele que é capaz e está disponível — Aquele que nos conhece por inteiro e é o candidato perfeito para guardar a nossa mente.

Entregar a Ele a vigilância de nossa mente é um assunto sério, visto que render nossos pensamentos a Ele não é somente um meio para obter vitória consistente. É a proteção contra ser arrastada a uma mente depravada. Quando persistimos, por um longo tempo, em nossa forma de pensar errada e obstinada, Deus pode nos deixar a mercê de nossos desejos.

20 DE JULHO

*Tenham cuidado para não perder aquilo
que nos esforçamos tanto para conseguir. Sejam
diligentes a fim de receber a recompensa completa.*

2 JOÃO 1:8

Não desanime se você for uma pessoa que deseja manter a sua mente constantemente em Cristo, mas parece que não consegue controlar seus pensamentos. Bem-vinda ao clube! Todas nós já passamos por isso!

Apenas continue dizendo a Deus o quanto você *quer* entregar sua mente e coração inteiramente a Ele. A mente desorientada e derrotada é diferente da mente obstinadamente depravada. Mas, se deixarmos o primeiro estágio sem supervisão, ele poderá nos levar ao último.

Logo, não fique exausta de tanto tentar subjugar seus pensamentos, a fim de que se tornem obedientes a Cristo. Esse é um desejo que o Senhor mesmo ama cumprir.

21 DE JULHO

Eu os conduzi com laços
de bondade humana e de amor.

OSEIAS 11:4 (NVI)

Refletindo sobre a minha caminhada pessoal com Deus, e em como Ele é o único responsável por minha libertação, quase me emociono e choro ao ler o versículo acima. Sabemos, por experiência e pelo estudo das Escrituras, que Satanás, o maior de todos os falsários, também deseja nos conduzir… para nossa morte. Ele coloca um jugo pesado em nosso pescoço e nos guia com laços de falsidade, mentiras e engano.

Entretanto, como você pode ler em Oseias 11:4, o propósito de Deus, diferentemente do inimigo, é ser Aquele que "[tira] do seu pescoço o jugo e [se inclina] para alimentá-los". Ele nos conduz para poder nos salvar.

22 DE JULHO

E qual foi o resultado? Hoje vocês
se envergonham das coisas que costumavam fazer,
coisas que acabam em morte.

ROMANOS 6:21

Você já percebeu que não existe pequenas ações de desobediência? Ignorar uma ordem de Deus é um caminho certeiro para colher, cedo ou tarde, frutos amargos. Alguns reis de Israel seguiram os caminhos de Deus em quase tudo, falhando somente em derrubar os altares de adoração pagã. No final das contas, essa "desatenção" cobrou seu preço, e o reino chegou ao cúmulo do próprio povo de Deus sacrificar seus filhos aos falsos deuses.

De fato, qualquer coisa que exaltarmos acima de Deus em nossos pensamentos — mesmo que seja algo insignificante — é um ídolo, uma afronta terrível a Deus. É também um convite ao desastre. Nunca se esqueça da natureza crescente do pecado.

23 DE JULHO

Seus inimigos se encolherão de medo diante de você,
e você lhes pisoteará as costas.

DEUTERONÔMIO 33:29

Se você já identificou uma fortaleza atual em sua vida, você já concordou em se submeter à Palavra de Deus e confessar todo o pecado envolvido nela?

Se você percebe a existência de uma fortaleza em sua vida, mas ainda não acatou a exortação de Deus e confessou o pecado envolvido na questão, você se disporia a fazer isso agora?

Se você não percebe nenhuma fortaleza em sua vida, você consegue se lembrar de algum momento, no passado, em que Cristo a conduziu à liberdade através da sinceridade e confissão? O poder divino do Senhor está disponível a todo aquele que aceitar pô-lo em prática.

24 DE JULHO

No mesmo instante, algo semelhante a escamas
caiu dos olhos de Saulo, e sua visão foi restaurada.

ATOS 9:18

magine que você concordou com Deus quanto à existência de uma fortaleza e confessou todo o pecado relacionado a ela. Então, Deus começa a abrir seus olhos às mentiras gravadas como se fossem uma pichação nas paredes de sua mente. Mentiras como "todos os homens vão me machucar", "eu não valho nada" e "eu não posso dizer não" (eu poderia continuar listando aqui as mentiras nas quais eu já acreditei).

Vou lhe dizer algo com ternura e muita compaixão: se você sabe que existe uma fortaleza em sua vida, mas não consegue identificar as mentiras, você ainda é uma prisioneira nela. Se não reconheceu as mentiras que a prendem a essa cela, peça a Deus que remova as escamas de seus olhos para que você as veja!

25 DE JULHO

Põe-me à prova, SENHOR, e examina-me;
investiga meu coração e minha mente.
SALMO 26:2

Não seremos livres até que adotemos a mente de Cristo em qualquer área que tenha nos escravizado. Se uma mulher cristã permitiu que Satanás construísse uma fortaleza por meio de relacionamentos adúlteros e finalmente se arrepender e desejar ser livre, a sua mente não será liberta imediatamente. Pois, primeiro, ela precisará romper com as mentiras e reprogramar sua mente com a verdade.

Provavelmente ela pediria a Deus que simplesmente removesse de sua mente a pessoa com quem se envolveu. Porém, Deus sabe que isso não seria muito proveitoso, visto que ela estaria vulnerável a outro ataque semelhante. Ao invés de apagar aquela pessoa dos seus pensamentos, Ele deseja que ela adquira os pensamentos de Cristo quanto àquela pessoa e situação.

26 DE JULHO

*Quem vive apenas para satisfazer sua
natureza humana colherá dessa natureza ruína
e morte. Mas quem vive para agradar
o Espírito colherá do Espírito a vida eterna.*

GÁLATAS 6:8

Se alguém se arrepende de um relacionamento que não agrada a Deus e se afasta dele, a primeira coisa a ser feita é romper com as mentiras e enfrentar a verdade. Essa pessoa precisa meditar na verdade, naquilo que se aplica especificamente ao seu desafio. Precisa encher sua mente com coisas que alimentam o Espírito e evitar situações que alimentam a carne.

Deixar a carne faminta e alimentar o Espírito é o processo que permite que pessoas e coisas fora da vontade de Deus finalmente deixem nossos pensamentos. Com o tempo, a pessoa que antes tanto ocupava nossa mente começa a ser cada vez menos presente até que, finalmente, esses pensamentos são abandonados e morrem de inanição.

27 DE JULHO

*Ame o Senhor, seu Deus, de todo
o seu coração, de toda a sua alma, de toda
a sua mente e de todas as suas forças.*

MARCOS 12:30

O desafio de amar a Deus com todas as nossas forças me faz pensar naqueles que, aos poucos, estão vendo as suas forças físicas diminuírem de todas as maneiras. Nessa porção do mandamento de Deus sobre prioridades, acredito que Ele esteja dizendo: "Eu quero que você me ame com qualquer força física que porventura tiver. Ofereça-me seu templo para minha habitação na fraqueza ou na força, em plena vida ou diante da morte".

Eu observei minha mãe já fraca, em seu leito de morte, esforçando-se para mover seus lábios e cantar hinos comigo em suas últimas horas. Ela amou a Deus com todas as suas forças até que Ele veio buscá-la e aliviar seu fardo. Amamos a Deus com todas as nossas forças quando entregamos tudo a Ele, seja muito ou pouco.

28 DE JULHO

*Eles serão chamados carvalhos de justiça,
plantio do Senhor para manifestação da sua glória.*

ISAÍAS 61:3 (NVI)

Se você é como eu, deve achar o máximo ser separada "para manifestação da Sua glória", mas não deve se empolgar muito em ser chamada de árvore. Mas os cativos libertos são "carvalhos de justiça". A palavra hebraica para *justiça* significa "honestidade, integridade, libertação".

Não importa quais tenham sido as nossas fortalezas, Deus pode nos enraizar profundamente em Seu amor e nos chamar de Seus "carvalhos de justiça". Podemos ser o povo da honestidade, integridade e libertação — resultados gloriosos que acontecem somente na vida de quem permite que Deus crie em si um coração limpo e novo.

29 DE JULHO

A única coisa que peço ao Senhor,
o meu maior desejo, é morar na casa do Senhor
todos os dias de minha vida,
para contemplar a beleza do Senhor.

SALMO 27:4

Imagine Cristo falando orgulhosamente sobre o quanto você é bela por causa de todo o tempo que você investiu contemplando a beleza do Senhor. Não sei você, mas meu coração fica saltitante com esse pensamento!

Tenho bastante segurança quanto ao amor de Deus, mesmo quando não sou assim tão bela, mas a ideia de que Ele possa ver em mim algo do qual se orgulha me enche de alegria! Veja bem: quanto mais contemplamos a beleza do Senhor ao buscá-lo em Seu templo, mais nossa vida absorve e irradia Seu esplendor. O maior objetivo de Deus é poder mostrar uma foto nossa e dizer: "Ela não se parece com o meu Filho? É uma semelhança e tanto, não é mesmo?".

30 DE JULHO

Onde estão as testemunhas dessas previsões?
Quem pode comprovar que disseram a verdade?
ISAÍAS 43:9

Esse versículo de Isaías 43 indica qual é o maior propósito de uma testemunha. Ele afirma que a maior beleza de nosso conhecimento e fé em Deus é revelada quando outros podem olhar para nossa vida, ouvir nosso relato e dizer: "De fato, é verdade". Isso é ser uma prova viva!

Se você se delicia em conhecer ao Senhor e se atreve a crer nele — quer você esteja ou não consciente do poder de suas palavras — garanto que alguém percebeu a verdade mediante o seu testemunho. A razão pela qual estamos aqui é esta: evidenciar a verdade e a glória de Deus.

31 DE JULHO

*Amo o teu santuário, SENHOR,
o lugar onde habita tua presença gloriosa.*
SALMO 26:8

Vou lhe fazer uma pergunta e peço-lhe que confie que meu coração está inclinado para o seu, pois, independentemente de sua resposta, não há nenhuma sombra de julgamento ou condenação. Você sente algum anseio pela presença de Deus? Não estou falando aqui sobre um sentimento de culpa ou até mesmo uma certeza de estar em pecado quando Ele não é sua prioridade. Estou me referindo a um desejo profundo por Deus que faz com que alguns dias, em que não dedica um tempo à oração e a Sua Palavra, pareçam uma eternidade.

Deus pode usar qualquer motivo para nos trazer à Sua Palavra e à oração, mas Ele deseja apurar nossas motivações a ponto de que elas se tornem um profundo anseio por Ele.

1º DE AGOSTO

*Mas o sangue nos batentes das portas servirá
de sinal e marcará as casas onde vocês estão.*

ÊXODO 12:13

Quando Deus instituiu a Páscoa, Ele já sabia o que a libertação de Seus filhos custaria. Ele sabia que um dia precisaria entregar a vida de Seu próprio primogênito para que qualquer cativo, judeu ou gentio, pudesse ser livre.

Primeiro, Deus ordenou que Seu povo se preparasse. Creio que o mesmo se aplica a nós. Deus enviou Cristo para libertar os cativos, mas Ele certamente exige a nossa atenção e preparação. Ele deseja que jamais nos esqueçamos do sangue derramado pelo Cordeiro a fim de que pudéssemos ser libertas. Não temos nenhuma porta de escape se os batentes não forem marcados com o sangue de Cristo.

2 DE AGOSTO

Escuta minha voz logo cedo, Senhor; toda manhã te apresento meus pedidos e fico à espera.

SALMO 5:3

Alguns dias eu gostaria de esquecer que já estive no Egito. Alguns dias eu só gostaria de fingir que sempre fiz tudo certo. É constrangedor demais admitir a minha temporada no Egito, e alguns dias eu simplesmente penso que não vou conseguir.

Contudo, a cada manhã, o Espírito Santo me conduz novamente ao local onde encontro o Senhor.. O Deus da graça se inclina e vem ao meu encontro. Na simplicidade do meu tempo de oração, sou subitamente confrontada com a majestade do meu Redentor, o Único responsável por qualquer coisa boa que haja em mim. Meus pecados do passado são perdoados, e misericórdias frescas caem sobre mim como o maná vindo do Céu. Diante disso, meu coração é tangido uma vez mais, e eu me rendo completamente… manhã após manhã.

3 DE AGOSTO

*Deem alimento aos famintos e ajudem os aflitos.
Então sua luz brilhará na escuridão.*

ISAÍAS 58:10

Normalmente pensamos em jejum como evitar o alimento por um tempo com o propósito de oração. O vazio em nossos estômagos nos lembra de orar. Apesar de o Novo Testamento apresentar o jejum de alimentos dessa maneira repetidas vezes, Isaías 58 fala de um jejum que eu penso que Deus honra acima dos demais.

Dediquei algum tempo a esta questão e não penso que seja fácil respondê-la: "Do que Deus deseja que nos abstenhamos em jejum? Do que temos que abrir mão ou jejuar para aliviar os oprimidos?". Qualquer que seja a nossa resposta, sabemos que se entregarmos nossa vida para satisfazer as necessidades dos oprimidos, Deus será fiel e satisfará as nossas.

4 DE AGOSTO

*Emprestem a eles sem esperar nada de volta. Então
a recompensa que receberão do céu será grande
e estarão agindo, de fato, como filhos do Altíssimo.*

LUCAS 6:35

Nossas motivações para estender a mão e servir os outros nem sempre são puras. Uma amiga muito querida, Kathy Troccoli, que se dedica ao ministério em tempo integral, fez esta significativa pergunta: "Estou ministrando por uma necessidade minha, ou como resultado do meu relacionamento transbordante com Deus?". Seria sábio se nos fizéssemos essa mesma pergunta.

Desejamos afirmação vinda daqueles a quem servimos? Eles nos ajudam a nos sentirmos importantes? Ou servimos porque Jesus encheu nosso coração de tal maneira que precisamos de um lugar para derramar o que superabundou? Um ministério voltado aos verdadeiramente oprimidos ajuda a purificar nossos motivos para o serviço, pois essas pessoas não têm muito para dar em retorno.

5 DE AGOSTO

*Mas os que confiam no Senhor
renovam suas forças…*
ISAÍAS 40:31

À s vezes eu fico cansada de combater o bom combate, e você? Como podemos reunir energia suficiente para segurar firme e continuar batalhando por nossa liberdade? Até os jovens perdem as forças e se cansam, e os rapazes tropeçam de tão exaustos. O que a nossa alma poderia fazer então?

A palavra hebraica para *confiar* nesse versículo significa "entrelaçar, estar junto, estar unido". Se queremos manter uma força renovada diante dos desafios diários ou ganhar novamente uma força que já se esvaiu, a Palavra de Deus nos diz para nos aproximarmos da Sua presença de forma que estejamos praticamente entrelaçadas a Ele!

6 DE AGOSTO

*Por isso, nunca desistimos. Ainda que
nosso exterior esteja morrendo, nosso interior
está sendo renovado a cada dia.*

2 CORÍNTIOS 4:16

Quando minhas filhas eram pequenas, elas costumavam se segurar na minha cintura e se pendurar com as pernas na minha própria perna. Eu continuava fazendo minhas atividades, dava um assobio e dizia: "O que será que a Amanda (ou Melissa) está fazendo agora?". Elas caiam na gargalhada. Meu coração sempre se enchia de amor, pois percebia o quanto pendurar-se em mim era a brincadeira favorita delas.

Quem tinha mais trabalho nessa brincadeira? Eu! Qual era a parte delas? Aproximar-se de mim e se agarrar com toda firmeza. Você percebe o paralelo? Quando começamos a nos sentir exaustas, provavelmente estamos tomando demais da batalha sobre nós mesmas.

7 DE AGOSTO

Fez tudo de noite, com medo
de sua família e do povo da cidade.
JUÍZES 6:27

Para viver a liberdade como Deus propõe, você deve reconhecer e abandonar todos os outros deuses. Como Deus disse a Gideão: "Derrube o altar que seu pai fez para Baal" (JZ 6:25). Mas eu amo o versículo 27. Gideão pegou dez de seus servos e fez o que Deus mandou, mas, por estar com medo, "fez tudo de noite" ao invés de fazê-lo durante o dia. Não é incrível? Este é o poderoso guerreiro de Deus!

Deus pede que você faça a mesma coisa — que derrube qualquer ídolo em sua vida, incluindo aqueles que nem sabia que tinha. Mas não tenha medo, pois você não precisa pensar em ser uma "poderosa guerreira" para fazer isso!

8 DE AGOSTO

*Satisfaze-nos a cada manhã com o teu amor,
para que cantemos de alegria até o final da vida.*

SALMO 90:14

Buscar o amor perfeito e infalível em outra pessoa não é somente inútil, é miseravelmente frustrante e destrutivo. Estou convencida de que nosso coração não se torna sadio até que tenha sido satisfeito pelo único amor completamente saudável que existe: o amor do próprio Deus.

Estas palavras de Oswald Chambers não estão somente escritas na minha Bíblia, mas estão gravadas profundamente em minha mente: "Nenhum amor de um coração natural é seguro a não ser que este coração humano tenha sido satisfeito primeiramente por Deus". Não somos livres para amar, no sentido real da palavra, até que tenhamos nós mesmas encontrado esse amor, o amor que está no Senhor.

9 DE AGOSTO

O amor jamais acaba.

1 CORÍNTIOS 13:8 (ARA)

Não estamos enganadas quando pensamos que precisamos desesperadamente ser amadas. Precisamos sim. Mas muitas vezes erramos quando pensamos que podemos fazer com que alguém nos ame como necessitamos. Nossa necessidade de amor não cabe a ninguém senão a Deus.

Talvez você já tenha ouvido a devastadora frase: "Eu não te amo mais". Talvez você não tenha ouvido isso, mas conhece esse sentimento. Ao longo da vida perderemos pessoas — pessoas que realmente nos amaram — para a morte ou por alguma mudança de circunstâncias. Por mais terno e precioso que seu amor fosse, ele não era infalível. Ele mudou, morreu, afastou-se. Deixou memórias incríveis, mas também deixou um vazio. Somente o amor de Deus jamais acaba.

10 DE AGOSTO

Portanto, porque estão nele [...]
vocês também estão completos.

COLOSSENSES 2:10

A pessoa mais agradável de se ter por perto é aquela que encontra contentamento no Senhor Jesus Cristo. Ele é o único que nunca se choca com a profundidade e extensão de nossas carências.

Imagine como nossos dias seriam diferentes se Cristo enchesse nosso cálice logo no começo de cada manhã. Ao longo do dia, qualquer coisa que alguém oferecesse seria apenas um adicional em um copo já cheio, fazendo-o transbordar. Esta pessoa jamais sentiria falta de companhia ou de afeto, visto que ela se abastece diariamente da fonte de amor infalível. Ela saberia por experiência própria o que significa ser plena por Ele.

11 DE AGOSTO

*Pois o Senhor a chamou de volta de seu lamento,
você que era como uma jovem esposa abandonada.*

ISAÍAS 54:6

Eu não acredito que a rejeição, em si mesma, seja uma fortaleza. É a maneira como *reagimos* à rejeição que determina se seremos aprisionadas por ela ou não.

Somente Deus sabe quantas de Suas filhas se permitiram aprisionar durante toda vida por sentimentos contínuos de rejeição. Eu jamais diria que é fácil superar isso, mas acredito que é possível para aquelas pessoas que firmam sua mente e coração em vencer esse desafio. Superar a rejeição é, inquestionavelmente, a vontade de Deus para sua vida, desde que você pertença a Ele.

12 DE AGOSTO

*Habitarei no meio de vocês
e não os desprezarei.*
LEVÍTICO 26:11

Jesus Cristo jamais a deixará ou abandonará. Ele nunca a mandará embora. Ele é incapaz de subitamente resolver que não a ama mais. Se você recebeu o Filho de Deus como seu Salvador, nada do que vier a fazer resultará na rejeição dele por você.

Por isso, creia no que a Palavra de Deus diz sobre Ele e sobre você. Você é definida pelo amor e aceitação do Criador e Sustentador do Universo. Ele acredita que você é digna de ser amada e cuidada. Encontre sua identidade nele. Aplique grandes doses do amor do Senhor em seu coração ferido. Permita que Ele renove a sua mente até que deixe de pensar como rejeitada e desenvolva pensamentos de quem é *aceita*.

13 DE AGOSTO

Quem oculta seus pecados não prospera;
quem os confessa e os abandona recebe misericórdia.
PROVÉRBIOS 28:13

Nada nos faz sentir tão impotentes quanto um vício. Mas não importa se seus vícios são relacionados a substâncias ou comportamentos, Deus pode libertá-la. Para isso, o que Ele requer de você agora é tempo, confiança e cooperação.

O imenso poder de um vício dificilmente é quebrado em um dia. Entenda que: Deus tem tanto a nos *ensinar* quanto tem a nos *revelar*. Ele poderia revelar Seu poder ao nos livrar imediatamente de todo desejo que constitui nossa fortaleza. Entretanto, com frequência Deus escolhe o processo de nos ensinar a caminhar com Ele e a depender dele diariamente.

14 DE AGOSTO

Ó Senhor, nosso Deus, outros senhores
nos governaram, mas só a ti adoramos.

ISAÍAS 26:13

Além da salvação, poucas coisas são "de uma vez por todas". Se Deus quisesse nos libertar instantaneamente de uma fortaleza ou vício, veríamos a Sua grandeza de uma vez, mas rapidamente a esqueceríamos… e correríamos o risco de retroceder à tal fortaleza.

Por outro lado, se Deus nos ensinar a ser vitoriosas em Cristo diariamente, aprenderemos a perceber Sua grandeza e Sua suficiência em todo tempo. As lições difíceis costumam ser duradouras.

Nunca se esqueça disto: Deus está muito mais interessado em que conheçamos o Libertador do que simplesmente que sejamos libertas.

15 DE AGOSTO

E, agora, que o Deus da paz
os torne santos em todos os aspectos.
1 TESSALONICENSES 5:23

Que alívio é saber que jamais travaremos uma batalha fora da jurisdição de Deus. Ele pode derrotar Seus oponentes tão facilmente no monte Carmelo quanto no monte Sião. Tudo é território dele.

O mesmo se aplica aos nossos próprios campos de batalha. Deus nos criou para sermos criaturas completas, Ele nos dotou de três componentes: corpo, alma e espírito. Sendo assim, enquanto pensarmos que Deus é Senhor somente de nosso espírito, continuaremos a nos deparar com derrotas.

Certamente Deus é Senhor de nossa alma e corpo, assim como é de nosso espírito.

16 DE AGOSTO

…escolham hoje a quem servirão…

JOSUÉ 24:15

A ideia de dedicar novamente a vida a Cristo em ocasiões como conferências ou avivamentos costuma se mostrar bastante frustrante. Esse versículo de Josué sugere uma abordagem bem mais aplicável. Cristo repetiu esse ensinamento quando nos convocou a pegar *diariamente* nossa cruz e segui-lo.

O objetivo de um compromisso renovado diariamente não é garantir que jamais vamos errar, mas nos ajudar a desenvolver a mentalidade de que cada dia é um novo dia — uma nova oportunidade para seguir a Cristo. A obediência a Deus não é uma dieta que acabamos "furando". É algo com que nos comprometemos novamente todos os dias, mesmo que tenhamos falhado no dia anterior.

17 DE AGOSTO

Foi lançado para a terra o acusador
de nossos irmãos, aquele que dia
e noite os acusa diante de nosso Deus.

APOCALIPSE 12:10

Aceitar o perdão de Deus através de Jesus Cristo escancara as portas de nossas prisões. Satanás sabe que as portas que Deus abre, ninguém pode fechar (AP 3:7). Então, quando esse arquirrival é incapaz de fechar as portas de nossas prisões, qual é a melhor opção que lhe resta? Ele pode nos convencer a permanecer na celas, mesmo que já tenhamos sido liberadas para sair.

Um de seus métodos mais básicos para nos manter aprisionadas por nossa própria conta, mesmo com as grades abertas, é a acusação. Ele é o mestre da *acusação*. Como ele quer o que Cristo tem — e sabe que jamais o terá — ele tenta falsificar e boicotar tudo que Cristo faz. Satanás é o nosso acusador.

18 DE AGOSTO

O Filho do Homem tem autoridade
na terra para perdoar pecados
LUCAS 5:24

Em toda a Bíblia, não temos nenhuma ocasião em que Cristo rejeite um pecador arrependido. Ele resistiu aos religiosos orgulhosos e cheios de justiça própria, mas jamais aos humildes e arrependidos. De fato, Ele veio para perdoar.

Quando nos aproximamos de Deus em arrependimento genuíno, assumindo a total responsabilidade pelos nossos pecados, as portas de nossas prisões se abrem. Tragicamente, podemos passar anos e anos em um cela por recusar ou desconhecer como nos firmarmos nas promessas de Deus e seguirmos em frente em Sua verdade.

E como Satanás sabe que o perdão leva à liberdade, ele fará de tudo para que não perdoemos a nós mesmas. Contudo, Cristo já nos perdoou.

19 DE AGOSTO

Porque a tristeza que é da vontade de Deus
conduz ao arrependimento e resulta em salvação.
Não é uma tristeza que causa remorso.
Mas a tristeza do mundo resulta em morte.

2 CORÍNTIOS 7:10

Lembro-me de uma época durante a faculdade em que estava profundamente confusa com sentimentos recorrentes de culpa sobre certo pecado. Eu já o havia confessado e pedido perdão várias vezes, porém, nunca me sentia livre de seu peso e fardo.

Anos depois, Deus abriu meu entendimento quanto ao versículo acima. De repente, percebi que eu nunca havia desenvolvido a tristeza de acordo com a vontade de Deus quanto àquele pecado. *Arrependi-me* dele porque sabia que não era a vontade de Deus para a minha vida, mas eu não tinha uma tristeza real por causa dele. Estava ligada a ele emocionalmente, mesmo que já o tivesse abandonado fisicamente. Havia *feito* coisas certas, mas ainda *sentia* coisas erradas.

20 DE AGOSTO

...tranquilizaremos o nosso coração
diante dele quando o nosso coração nos condenar.
Porque Deus é maior do que
o nosso coração e sabe todas as coisas.

1 JOÃO 3:19,20 (NVI)

Não consigo enumerar quantas mulheres cristãs vieram até mim, na última década, contando que tinham abandonado um relacionamento pecaminoso, mas que não conseguiam se libertar do vínculo emocional, pois ainda acalentavam esse pecado no coração (SL 66:18).

A tristeza que é da vontade de Deus não é definida por lágrimas ou expressões exteriores de contrição. Ao invés disso, é uma mudança de coração que resulta em concordância absoluta com Deus sobre o assunto. Você pode dizer: "Beth, eu não consigo mudar a forma como eu me sinto". Eu entendo, já estive nesse lugar. Mas é por isso que é chamado tristeza que é da vontade de Deus, pois é um trabalho dele. O Senhor pode mudar o nosso coração, porque Ele é "maior do que o nosso coração".

21 DE AGOSTO

Quando o diabo terminou de tentar Jesus,
deixou-o até que surgisse outra oportunidade.
LUCAS 4:13

Depois de viajar por vários lugares e conversar com inúmeras mulheres cristãs que se encontravam em crises e fortalezas, estou convencida de que falamos de Satanás como se ele, de alguma forma, tivesse coração. Compreenda isto: Satanás não tem coração!

Encontramos um conforto estranho e enganoso ao imaginarmos que Satanás respeitaria certos limites e agiria de forma decente. Por exemplo, supomos equivocadamente que Satanás nos deixaria em paz durante um período de luto profundo, afinal de contas ele sabe que estamos frágeis e sem defesas.

Errado. Satanás é um oportunista. Será que ele viria atrás de você quando você estivesse abatida? Em um piscar de olhos... mesmo que ele tivesse coração.

22 DE AGOSTO

*Por que gastar seu dinheiro com comida
que não fortalece? Por que pagar
por aquilo que não satisfaz?*

ISAÍAS 55:2

Você já percebeu que uma das experiências humanas mais comuns é nossa incapacidade de nos sentirmos completamente satisfeitos? Infelizmente, a salvação por si só não preenche inteiramente essa necessidade também.

Muitas pessoas vêm a Cristo a partir de uma busca por algo que está faltando. Entretanto, mesmo depois de terem sido salvas, elas buscam satisfação em outro lugar.

Cristãs podem ser miseravelmente insatisfeitas se aceitarem a salvação de Cristo, mas rejeitarem a plenitude que o relacionamento diário com Ele proporciona. Deus nos oferece muito mais do que costumamos usufruir.

23 DE AGOSTO

*Portanto, humilhem-se sob o grande poder de Deus
e, no tempo certo, ele os exaltará.*

1 PEDRO 5:6

Não vivenciaremos a humildade até que comecemos a nos humilhar. Nesse caso, precisamos agir antes de possuir. Por certo, humilhar-se não significa odiar a si mesma. A humildade é facilmente obtida quando abrimos nossos olhos à realidade — quando enchemos nossa mente e coração com a grandeza de Deus.

Em poucas palavras, humildade é se prostrar diante do poder e majestade de Deus. Não precisamos nos enforcar em autodepreciação e desprezo. Precisamos simplesmente escolher impedir que nossos pensamentos se tornem vaidosos e inapropriados. Escolhemos nos humilhar ao nos submetermos à magnificência de Deus todos os dias.

24 DE AGOSTO

Ele tem poder para humilhar os orgulhosos.

DANIEL 4:37

Essa frase de Daniel fornece a mais poderosa motivação para eu ser humilde em minha vida pessoal. Olho para ela da seguinte maneira: é melhor que eu me humilhe do que forçar Deus a me humilhar.

Permitamos que nossas circunstâncias e fraquezas, ou mesmo algum espinho na carne que o Senhor tenha escolhido manter, exerçam sua função: provocar humildade. Não para que sejamos achatadas sob os pés de Deus, mas para que Ele possa nos reerguer em alegria.

Pare um momento hoje para se ajoelhar e se humilhar diante do glorioso Deus. Os exércitos celestiais poderão ouvir o som trovejante das imensas rochas de orgulho sendo retiradas da sua estrada para a liberdade.

25 DE AGOSTO

Pois a "loucura" de Deus é mais sábia
que a sabedoria humana, e a "fraqueza" de Deus
é mais forte que a força humana.
1 CORÍNTIOS 1:25

Recentemente, deparei-me mais uma vez com o melhor conselho que o mundo pode oferecer: "Lembre-se de duas coisas: 1) Não se estresse por pouca coisa; e 2) Tudo é pouca coisa". Esse conselho é tão superficial. *Nem* tudo é pouca coisa.

Tenho uma amiga cujo filho sofreu um acidente no último ano do Ensino Médio e ficou paralítico. Já vi homens trabalhadores perderem o emprego. Já vi tornados devastarem a minha cidade natal — roubando, matando e destruindo. Mas a filosofia secular é forçada a diminuir as dificuldades por não ter as respostas reais. Você e eu sabemos que não é assim. Enfrentamos coisas grandes na vida. E somente através da oração é que somos inundadas de paz.

26 DE AGOSTO

Quando ele orar a Deus, será aceito.
Deus o receberá com alegria
e o restituirá à condição de justo.

JÓ 33:26

Precisamos de oração enquanto buscamos a libertação, pois Satanás tentará entranhar mais ainda as impurezas que nosso fiel Purificador quer remover. Lembre-se de que Cristo veio para libertar os cativos, e Satanás para capturar os livres. Cristo quer romper as cordas que nos amarram, Satanás quer usá-las para fazer novos nós.

Portanto, devemos caminhar com Cristo passo a passo por essa jornada... assim teremos a proteção, o poder e a afeição inigualável que dela resulta. Nenhuma dessas três coisas se torna realidade em nossa vida de outra maneira senão pela oração. O inimigo será derrotado. Acredite nisso. Aja com essa convicção.

27 DE AGOSTO

Os fariseus perguntaram a Jesus:
"A lei permite curar no sábado?". Esperavam
que ele dissesse "sim", para que pudessem acusá-lo.
MATEUS 12:10

Os fariseus contemporâneos ainda gostam de praticar certo voyeurismo religioso, procurando razões para acusar os outros. Eles amam uma "novela mexicana" na igreja, principalmente porque a relação deles com Deus é muito monótona. Procuram defeitos alheios para se manterem entretidos.

Infelizmente, já vi muitos cristãos zelosos sendo intimidados por legalistas que sequer têm proximidade, que se concentram nas falhas dos demais e tentam atrapalhar que outros realmente usufruam da presença de Deus. Tome cuidado com quem usa microscópios ao invés de espelhos, impondo padrões que você não foi chamada a manter.

28 DE AGOSTO

*Permitam que a paz de Cristo governe
o seu coração, pois, como membros do mesmo
corpo, vocês são chamados a viver em paz.*

COLOSSENSES 3:15

O que é necessário para termos essa paz?

A resposta é darmos atenção ao mandamento de Deus (obediência) pelo poder do Espírito Santo. A obediência à autoridade de Deus não somente estabelece a paz como um rio, mas também traz a justiça como as ondas do mar. Não justa perfeição, mas justa consistência.

Entenda isto: o caminho de Deus é o caminho perfeito, o caminho certo e o único caminho pacífico neste nosso mundo caótico. Espero que você perceba que a paz não é algo inatingível ou algo que só será alcançado "algum dia". Você pode experimentar uma vida de paz verdadeira agora mesmo. Porém, o caminho da paz é percorrido de joelhos. Prostre-se à autoridade confiável de Cristo.

29 DE AGOSTO

*Agora nós mesmos somos
como vasos frágeis de barro que contêm esse
grande tesouro. Assim, fica evidente que
esse grande poder vem de Deus, e não de nós.*

2 CORÍNTIOS 4:7

Tenho uma série de versículos e avaliações que busco aplicar regularmente à minha vida de tempos em tempos. Eis minha lista:

- 1 Coríntios 10:31: A minha prioridade tem sido considerar se Deus está sendo glorificado em tudo que faço?
- João 8:50,54: Eu desejo a glória de Deus ou a minha própria?
- 1 Pedro 4:10,11: No meu serviço aos outros, a minha esperança sincera é que eles vejam Deus em mim?
- 1 Pedro 4:12,13: Ao passar por dificuldades, tenho buscado a Deus e tentado cooperar com Ele para que Ele use a situação para o meu bem e para Sua glória?

30 DE AGOSTO

Tudo que é meu pertence a ti, e tudo que é teu pertence a mim, e eu sou glorificado por meio deles.

JOÃO 17:10

Você talvez sinta que ainda está longe de alcançar o propósito de Deus para sua vida. Mas espero que possa celebrar o progresso que tem feito em sua busca por uma vida que glorifique a Deus, e possa apreciar essas palavras de Jesus que também se aplicam a você.

Nesse contexto, Ele usou a palavra *glorificado* para indicar as riquezas que havia recebido. Não importa em que ponto você está em sua jornada para uma vida livre e que glorifique a Cristo, você é o Seu tesouro. Ele não quer *tirar* algo de você, mas sim *abençoar* a sua vida e livrá-la de qualquer obstáculo que a ameace.

31 DE AGOSTO

O zelo que tenho por vocês
é um zelo que vem de Deus.
2 CORÍNTIOS 11:2 (NVI)

Entendo um pouco o que o apóstolo Paulo diz com essas palavras à igreja em Corinto. Minha amiga, eu realmente tenho "zelo" para que você experimente Deus em sua vida. Quero que o Senhor seja a sublime realidade de sua vida, e que tenha mais certeza da Sua presença do que de qualquer um que você possa ver ou tocar.

Isso pode ser sua realidade. Isso é um direito seu como filha de Deus. Somos designadas a esse tipo de relacionamento com Ele, mesmo que o inimigo tente nos convencer que a vida cristã é no máximo sacrificial, e no mínimo artificial. Comprometa-se inteiramente com Deus, para que Ele possa libertá-la para tudo o que Ele planejou.

1º DE SETEMBRO

Portanto, uma vez que estamos rodeados de
tão grande multidão de testemunhas,
livremo-nos de todo peso que nos torna vagarosos e
do pecado que nos atrapalha, e corramos com
perseverança a corrida que foi posta diante de nós.

HEBREUS 12:1

Quanto mais eu caminho com Deus em oração e leitura da Palavra, e disponho-me a amá-lo, menos eu quero que Ele facilite o meu andar. Estou aprendendo que a disposição do seguidor de Jesus em enfrentar dificuldades é o que o separa para viver o extraordinário em Cristo.

Estou começando a aprender a dizer: "Senhor, minha carne é tão resistente ao que desejas que eu quase não posso suportar. Mas não pares! Por favor, insiste em extrair o meu melhor; insiste no que te glorifica. Guia-me ao meu limite nesse assunto e não me deixes até que eu tenha percorrido cada centímetro do caminho".

2 DE SETEMBRO

Agora, portanto, somos embaixadores
de Cristo; Deus faz seu apelo por nosso intermédio.
Falamos em nome de Cristo
quando dizemos: "Reconciliem-se com Deus!".

2 CORÍNTIOS 5:20

Mesmo que todos os nossos outros desafios sejam diferentes, todo cristão certamente enfrentará uma infinidade de desafios relacionados ao *perdão*.

Lembre-se: o objetivo principal de Deus na vida de um discípulo é torná-lo semelhante ao Seu Filho, Jesus Cristo. E nenhuma outra palavra resume o caráter do Senhor em relação aos Seus filhos tão bem quanto a palavra *perdoador*. As ocasiões em que mais nos parecemos com o Pai é quando perdoamos. Como esse é o alvo de Deus para nós, estamos destinadas a encontrar várias dessas oportunidades! Como embaixadoras de Cristo nesta geração, fomos chamadas ao ministério do perdão.

3 DE SETEMBRO

Afundei até os alicerces dos montes; fiquei preso na terra, cujas portas se fecharam para sempre. Mas tu, ó Senhor, meu Deus, me resgataste da morte!

JONAS 2:6

Acredito que podemos dizer com confiança e reverência que Deus pode "consertar" qualquer pessoa "quebrada", não importa o que ele ou ela tenha sofrido. Não estou dizendo somente que Deus pode manter a existência física de alguém após uma tragédia. Muitas pessoas *sobrevivem* a tragédias.

Porém, a existência física não foi a razão de Cristo ter morrido por nós. Ele veio para que pudéssemos ter vida e vida abundante. Por mais que essa verdade pareça impossível e inalcançável, Deus pode nos conduzir à vida abundante. Talvez neste momento você esteja lutando apenas para sobreviver, mas pode aprender a viver novamente.

4 DE SETEMBRO

Podem até parecer sábias, pois exigem devoção,
abnegação e rigorosa disciplina física,
mas em nada contribuem para vencer os desejos
da natureza pecaminosa.

COLOSSENSES 2:23

Se as pessoas conseguissem verdadeiramente subjugar seus apetites carnais a partir de sua determinação, elas adorariam sua própria força de vontade. Porém, a Palavra de Deus é centrada em nada mais além da vontade de Deus e não da nossa. Paradoxalmente, nossa libertação é desvendada por meio da vontade de Deus em vez da nossa.

Mediante a força do Espírito Santo, somos capacitadas a dizer *não* àquilo que deve ser recusado — nossos excessos, avarezas, compulsões e outros desejos danosos — e *sim* à liberdade, moderação e saúde verdadeira. Quando nos rendemos à autoridade de Deus, nós o convidamos a assumir o controle, e é o que efetivamente Ele faz.

5 DE SETEMBRO

Pegou cinco pedras lisas de um riacho e as colocou
em sua bolsa de pastor. Armado apenas
com seu cajado e sua funda, foi enfrentar o filisteu.

1 SAMUEL 17:40

Perceba que a vontade inquestionável de Deus para você é libertá-la de todo jugo, mas também confie que Ele tem uma prescrição personalizada para fazer isso.

Deus pode ter usado um método para libertar alguém que não funcione da mesma maneira para você. Talvez o sucesso de outros tenha gerado em você apenas desânimo e ódio em relação a si mesma. Mas não permita ao inimigo jogar com sua mente. A força de Deus é sob medida para nossas fraquezas. Somos mais fortes no momento em que admitimos que somos fracas. Busque a Deus diligentemente e peça a Ele que indique a você o caminho da vitória.

6 DE SETEMBRO

*O Senhor não abandonará seu povo, pois isso
traria desonra para seu grande nome. Pois agradou
ao Senhor fazer de vocês seu próprio povo.*

1 SAMUEL 12:22

Alguém que nunca tenha sofrido o abandono pode questionar se essa é uma forma séria de sofrimento. Entretanto, se você foi rejeitada por alguém que amava, você pode confirmar que poucas ofensas são tão excruciantes.

Então se apegue a isto: Deus se agradou em tomá-la para si. Ele se agradou! Ele não lamentou por você. Ele não foi forçado a você. Ele a escolheu porque se deleita em você. Seu plano nunca foi que você passasse por esta vida "a pão e água". Você foi criada para florescer no amor e aceitação do Todo-Poderoso Jeová. Quando Ele cantar sobre você, dance!

7 DE SETEMBRO

Escolhi o caminho da verdade;
decidi viver de acordo com teus estatutos.
SALMO 119:30

À s vezes estamos bem conscientes de estarmos tolerando ou até mesmo alimentando uma mentira. Em outras ocasiões, estamos tão enredadas numa teia de mentiras que não conseguimos mais compreender com clareza a nós mesmas ou as situações em que vivemos.

Nem sempre é evidente se estamos sendo enganadas, mas um sinal explícito disso é quando nós mesmas começamos a enganar os outros. Para localizar Satanás em uma situação, você precisa somente procurar as mentiras que estão ali.

Como reconhecemos uma mentira? Qualquer coisa em que você acredita, ou baseia suas ações que contradiga o que a verdade da Palavra de Deus afirma a seu respeito é uma mentira.

8 DE SETEMBRO

*Rejeitamos todos os atos vergonhosos
e métodos dissimulados. Não procuramos enganar
ninguém nem distorcemos a palavra de Deus.*

2 CORÍNTIOS 4:2

Os planos de Satanás relacionados aos cristãos são sempre contrários aos planos de Deus. O Senhor deseja nos libertar dos cubículos do sigilo e nos conduzir a um lugar amplo de alegria, liberdade, autenticidade e transparência. Satanás quer nos manter cativas em segredos, pois assim ele pode nos oprimir pela culpa, angústia e vergonha.

Ó, amada, sei, por experiência própria, que o peso da vergonha que nos permitimos suportar na vida está envolto em segredos. De fato, o inimigo sabe que, uma vez que expomos os lugares secretos de nossa vida à luz da Palavra de Deus, estamos no caminho para nossa libertação.

9 DE SETEMBRO

*Ele nos resgatou do poder das trevas
e nos trouxe para o reino de seu Filho amado.*
COLOSSENSES 1:13

Tenho submetido minha vida a uma caminhada muito radical com Deus, mas não sou infeliz por conta disso, nem luto contra o sentimento de que "é isso que recebo por ser derrotada pelo diabo toda a minha vida". Cheguei a um patamar em que, geralmente, alegro-me em fazer a vontade de Deus, e vejo Seus preceitos para mim como sinais verdes para vitória, paz, alegria, plenitude e fervor.

Sim, fui compelida a tomar algumas decisões radicais. Talvez você esteja sendo também. Mas eu não trocaria o relacionamento que desenvolvi com Cristo em meu desespero por nenhum registro impecável no mundo. Nem você deveria.

10 DE SETEMBRO

*Filhinhos, vocês pertencem a Deus e já venceram
os falsos profetas, pois o Espírito que está
em vocês é maior que o espírito que está no mundo.*

1 JOÃO 4:4

Desejo jamais voltar à minha vida de derrota, por isso vivo em alerta diariamente. Contudo, Deus usou minha derrota para me conduzir ao ministério e autenticidade que, de outra forma, eu nunca conheceria. Foi somente depois de eu estar destruída que Deus gerou em mim um coração saudável e me ensinou a humildade e a compaixão de uma verdadeira serva.

Ainda tenho um longo caminho a percorrer, mas já notifiquei o diabo de que ele até pode dificultar a minha vida, mas não poderá me fazer desistir. Porque, assim como você, sou uma das filhas amadas de Deus e tenho vencido os espíritos das trevas por meio daquele que habita em mim, pois Ele é maior do que aquele que está no mundo.

11 DE SETEMBRO

*Se parecer que demora a vir, espere com paciência,
pois certamente acontecerá; não se atrasará.*

HABACUQUE 2:3

Solteira: se você está em Cristo, tem o maior relacionamento diante de si. Se Deus a chama para uma vida de celibato, sinta--se especial e se preserve inteiramente para Ele!

Esposas e maridos com frustrações comuns: dê ao seu cônjuge espaço para simplesmente ser humano. Perdoe-o por náo ser Deus. Perdoe-a por nem sempre dizer o que você precisa ouvir.

Até que o grande dia das Bodas chegue, permita que imagem refletida em seu espelho seja a face de Cristo. Sua foto de casamento está sendo delineada um dia de cada vez.

12 DE SETEMBRO

Aprendi a ficar satisfeito com o que tenho.

FILIPENSES 4:11

Todas nós conhecemos pessoas que afirmam que só poderiam ser felizes se fossem casadas, tivessem filhos, uma casa grande, ou o emprego dos sonhos. Mas quem aposta nesse tipo de contentamento circunstancial, mais cedo ou mais tarde, acabam se vendo diante da falência emocional.

Pessoas infelizes não se tornarão felizes com o casamento, filhos ou qualquer outra coisa que não tenham no momento. O que, normalmente, uma pessoa infeliz precisa é de uma transformação no coração, não de uma mudança nas circunstâncias. Não creio que Deus permitirá que corações já rendidos a Ele continuem ansiando por coisas que Ele não concederá, seja de uma maneira ou de outra.

13 DE SETEMBRO

Daremos gritos de alegria pela sua vitória
e hastearemos bandeiras em nome de nosso Deus.

SALMO 20:5

Podemos chegar a três conclusões sobre fortalezas:

1. Toda fortaleza está relacionada a algo que exaltamos acima de Deus em nossa vida.

2. Toda fortaleza finge nos fornecer algo que necessitarmos: auxílio, conforto, alívio de pressões, proteção ou qualquer outra forma de benefício.

3. Toda fortaleza na vida de um cristão é uma tremenda fonte de orgulho para o inimigo.

Que isso a deixe furiosa o suficiente a fim de não mais dar essa satisfação a ele.

14 DE SETEMBRO

*Purifiquem-se, pois amanhã o S*ENHOR
fará grandes maravilhas entre vocês!
JOSUÉ 3:5

Todas procuramos por um ajuste rápido, mas Deus quer ver uma mudança duradoura — um estilo de vida cristão. *Possuir* uma mente inabalável é *praticar* uma mente inabalável. Você e eu fomos controladas e aprisionadas por pensamentos destrutivos, negativos e equivocados por tempo demais. Porém, através do poder divino do Espírito Santo, podemos passar a controlar nossos pensamentos!

Lembre-se: essa é uma guerra pela liberdade e a mente é o campo de batalha. É por isso que a exortação de Josué aos filhos de Israel se aplica tão lindamente a nós. As maravilhas que Deus quer realizar em nosso amanhã são preparadas em nosso hoje.

15 DE SETEMBRO

O atleta precisa ser disciplinado
sob todos os aspectos.

1 CORÍNTIOS 9:25

Não estou sendo dramática demais quando digo: ou destruímos as fortalezas pelo poder de Deus ou elas acabarão nos destruindo.

Não precisamos nem amar algo ou alguém para que isso seja idolatrado ou exaltado em nossa mente. Podemos facilmente idolatrar algo que odiamos! Nunca me esquecerei de quando percebi que certa pessoa, que eu não conseguia perdoar, tornara-se um ídolo em minha vida devido à falta de perdão. Humanamente falando, eu nem gostava daquela pessoa. Mas Satanás aproveitou-se da minha imaginação de maneira que toda aquela situação roubou o meu foco, assim ela transformou-se em idolatria em mim. Que isso nunca mais se repita. Permita que Deus tenha vitória em todas as coisas!

16 DE SETEMBRO

*Por isso digo: deixem que o Espírito
guie sua vida. Assim, não satisfarão
os anseios de sua natureza humana.*

GÁLATAS 5:16

Fazer continuamente a manutenção de nossa vida mental é a essência do viver dedicado a Deus. Devoção não é perfeição. Se você luta diariamente para entregar a Deus seu coração e sua mente, sendo sensível ao pecado em seus pensamentos, eu diria que você é santa. Porém, jamais diria isso de mim mesma, e talvez seja assim que as coisas devam ser.

Aqui está uma regra de ouro para os nossos pensamentos que será um catalisador de vitória em todas as áreas da vida: *sufoque a carne e alimente o espírito*. As duas partes dessa frase são fundamentais para mim, e espero que sejam para você também. A cada dia que a mulher cristã praticar esses princípios, a vitória será a regra, e a derrota, a exceção em sua vida.

17 DE SETEMBRO

Ele me trouxe ao salão de banquetes;
seu grande amor por mim é evidente.
CÂNTICO DOS CÂNTICOS 2:4

Deus frequentemente usa aquilo que é conhecido para ensinar sobre o desconhecido. Creio que Cântico dos Cânticos foi escrito para nos ajudar a compreender nossa união com Cristo. Nesse livro, podemos ver Cristo e Sua amada noiva — nós. Um verdadeiro romance nos aguarda.

Solteiras e casadas podem celebrar da mesma maneira, pois alguns sonhos finalmente se realizarão. Um deles é perfeitamente retratado nesse inspirado livro da Bíblia. Cristo está completamente comprometido com você. Ele a vê como Sua amada, Sua noiva. Você já desejou ser realmente amada? Jesus põe a mão dele sobre você, sinalizando a todos que você é a pessoa que Ele ama.

18 DE SETEMBRO

*Transformaste meu pranto em dança; tiraste
minhas roupas de luto e me vestiste de alegria.*

SALMO 30:11

Medite na palavra "alegria" por um momento. Se há alguém que deveria experimentar a alegria são os cristãos! Mas e se levássemos esse conceito um pouco mais além? Eu gostaria de sugerir que Deus se agrada em nos ver — atrevo-me a dizer — extasiadas!

Acredite se quiser, mas a *alegria* é um tema bíblico. Entretanto, seremos sábias ao distingui-la de dois outros termos intimamente ligados nas Escrituras: *bênção* e *felicidade*. Tanto a bênção quanto a felicidade são derramadas sobre nós por meio da obediência, frequentemente em tempos de perseguição e dor. A diferença que precisa ficar clara é que a bênção e a felicidade não têm a ver com as circunstâncias, enquanto a alegria sim. Isso não significa que a alegria é menos importante, somente mais rara.

19 DE SETEMBRO

*Pois virá o tempo em que as pessoas
já não escutarão o ensino verdadeiro.*

2 TIMÓTEO 4:3

Um filho rebelde prefere ilusões agradáveis à verdade. Desejamos mensagens que nos façam sentir bem. Quando estamos vivendo em rebelião, a última coisa que queremos é sermos confrontadas pelo Santo de Israel.

Por isso, o alerta do apóstolo Paulo ao jovem Timóteo é tão apropriado. Se temos uma forte preferência por certos professores e pregadores a outros, é sábio nos perguntarmos por quê. Se nossa resposta for qualquer coisa que não o ensino bíblico equilibrado, podemos estar em rebelião mesmo ocupando os bancos da igreja domingo após domingo. Certifiquemo-nos de que não estamos à procura de mestres que simplesmente agradem aos nossos ouvidos e nos escondam a verdade.

20 DE SETEMBRO

Porque vocês, irmãos,
foram chamados para viver em liberdade.
GÁLATAS 5:13

Liberdade e soberania são parceiros inseparáveis na vida do cristão. Quando lemos nas Escrituras que a liberdade pode ser encontrada onde o Espírito de Deus está, podemos entender isso literalmente.

A liberdade se torna nossa realidade quando nos submetemos à autoridade de Deus. Somos cheias do Espírito à medida que cedemos à Sua soberania.

Apesar de o Espírito do Deus vivo estar sempre em nós, Ele flui somente nas áreas de nossa vida em que Ele tem total autoridade. A liberdade flui onde há mananciais do Espírito de Deus.

21 DE SETEMBRO

Em breve, todos vocês cativos serão libertos;
prisão, fome e morte não serão seu destino!
ISAÍAS 51:14

Você já se sentiu como se as ondas do mar se lançassem contra você, e estivesse se afogando em uma maré incessante? O profeta Isaías nos lembra de que Deus pode fazer por nós o que Ele fez por Moisés. O Senhor pode fazer "um caminho no fundo do mar" para seu povo atravessar (IS 51:10).

Também já se sentiu como uma prisioneira amedrontada? Eu já! Você já sentiu que jamais seria liberta? É por isso que amo as últimas palavras de Isaías no versículo 14 acima. Creia na Palavra de Deus e a reivindique! Obedeça e entenda que você pode confiar no Senhor. Não permita ao inimigo obter mais uma vitória quando ele usar o seu passado contra você.

22 DE SETEMBRO

O Senhor está comigo, portanto não temerei;
o que me podem fazer os simples mortais?
SALMO 118:6

Minha companheira de peregrinação, Deus tem o direito de governar. E, melhor ainda, o governo de Deus é justo! Ele não pode pedir nada errado de nós, nem nos guiar por caminhos maus. Ele conhece cada problema de autoridade que temos. Ele sabe de todas as vezes em que nossa confiança foi traída.

Logo, como um pai que carinhosamente afaga o rosto de seu filho rebelde com suas fortes mãos, Ele diz: "Ouçam-me [...] sou eu quem os consola [...]. Pois eu sou o Senhor, seu Deus" (IS 51:7,12,15). Essencialmente, Deus está nos dizendo: "Eu estou do seu lado, filha, não *contra* você! Quando você vai parar de resistir a mim?"

23 DE SETEMBRO

Levanta-te e ajuda-nos!
Resgata-nos por causa do teu amor!

SALMO 44:26

Sem dúvida, cada uma de nós pode pensar em algumas maneiras pelas quais Deus permite que o rebelde tropece. Quando eu era adolescente, poderia ter aceitado o pouco da verdade que conhecia, mas não o quis. Então, eu não só tropecei, como me arrebentei e deixe-me consumir! Hoje, sou muito grata, pois se eu nunca tivesse caído, não sei se teria clamado por socorro.

Por isso, agradeço a Jesus por Seu amor infalível ter impedido que outros conseguissem, de fato, me ajudar! Parece estranho, não? Mas eu acredito que muitas de nós jamais reconheceriam Deus como o único Deus se não experimentássemos uma crise em que somente Ele pudesse intervir. Ele nunca nos abandona.

24 DE SETEMBRO

Deus, com seu poder divino, nos concede
tudo de que necessitamos para uma vida de devoção,
pelo conhecimento completo daquele que nos
chamou para si por meio de sua glória e excelência.

2 PEDRO 1:3

Encontrar satisfação em Deus é um dos maiores benefícios de nosso relacionamento e aliança com Cristo. Encontrar satisfação e plenitude em Cristo não deveria ser um tesouro secreto que somente alguns conseguem usufruir. A satisfação é um abençoado efeito colateral de nosso relacionamento com Deus e foi planejada para ser vivida por todos os Seus filhos.

Pedro expressou a intenção de Deus claramente no versículo que lemos hoje. Deus nos deu tudo "pelo conhecimento completo daquele que nos chamou para si por meio de sua glória e excelência". Então, ou Cristo pode nos satisfazer e atender nossas necessidades mais profundas, ou a Palavra de Deus é enganosa.

25 DE SETEMBRO

Fujam da imoralidade sexual!
1 CORÍNTIOS 6:18

Nenhuma de nós questionaria se Satanás está se esbaldando em nossa geração na área de fortalezas sexuais. Seus ataques se tornaram tão explícitos e óbvios que estamos desensibilizadas, ajustando nossa linha de prumo sem atentar que isso é praticar o relativismo. Ao invés de medir nossa vida pelo critério de nos tornarmos semelhantes a Cristo, começamos a medi-la subconscientemente pela depravação do mundo.

Seremos sábias se estivermos alertas contra a picada peçonhenta do relativismo. Satanás está aumentando a dosagem das provocações sexuais imorais com tamanha consistência que nem percebemos quanto veneno estamos absorvendo!

26 DE SETEMBRO

Pode um homem carregar fogo junto ao peito
sem que a roupa se queime?
PROVÉRBIOS 6:27

O índice de cristãos que caem diariamente em armadilhas de cadeias sexuais é assustador. Satanás joga com eles, aprisionando-os em vergonha secreta e em vidas miseráveis, cheias de engano. Por favor, leia isto com atenção: *estamos sendo assediadas sexualmente pelo diabo*. E a igreja precisa começar a falar daquilo que não podia ser mencionado, explicando biblicamente as questões que atacam a nossa geração.

Isto porque a Palavra de Deus se aplica às fortalezas de promiscuidade, perversidade e pornografia, assim como a qualquer outra. Deus não fica chocado. Ele tem a solução para esses problemas. Ele aguarda por nosso humilde e sincero clamor por ajuda.

27 DE SETEMBRO

Arrependam-se e afastem-se de seus pecados,
e não permitam que eles os derrubem.

EZEQUIEL 18:30

Uma ferramenta confiável para medir a nossa proximidade de Deus é o tempo que se passa entre pecado e arrependimento. A pessoa espiritual ainda peca, mas ela não consegue resistir ao arrependimento imediato. A sua aguçada sensibilidade à sua própria falha resulta em uma vida santificada, pois ela se arrepende nos estágios iniciais da ferida que, se ignorada, poderia se tornar uma infecção pecaminosa.

De fato, aqueles que andam mais perto de Deus frustram os melhores esforços do acusador. Quando ele chega nos alto Céus para fazer suas acusações, Deus pode dizer com satisfação: "Eu não me lembro desse pecado".

28 DE SETEMBRO

*Se vocês forem insultados por causa do nome
de Cristo, abençoados serão, pois
o glorioso Espírito de Deus repousa sobre vocês.*

1 PEDRO 4:14

Satanás usa um grande número de pessoas que intencionalmente reforçam suas cruéis e acusadoras palavras em nossa vida. Ele sabe que por natureza somos impiedosas e condenadoras, sedentas por colocar os outros para baixo. Estou convencida de que muito mais pessoas queimariam nas chamas eternas sob a condenação humana do que pelo julgamento justo e santo de Deus.

Convido você a conhecer profundamente a verdade de Deus e responder à Sua repreensão sem demora. Assim, quando os acusadores vierem — e inevitavelmente virão — você poderá resistir ao diabo, sem se importar com a voz a quem ele confere volume.

29 DE SETEMBRO

O discípulo a quem Jesus amava ocupava
o lugar ao lado dele à mesa.

JOÃO 13:23

O medo ou o sentimento de não ser amada é provavelmente nossa maior fonte de insegurança, mesmo que às vezes não percebamos isso. Mas como podemos nos submeter ao amor de Deus se outros amores nos decepcionaram antes? Precisamos habitar próximas ao Senhor, onde estaremos mais despertas quanto à Sua grande afeição.

Não foi o discípulo que sentava ao lado de Jesus à mesa que se via como o discípulo amado? Coloque seu ouvido no peito do Salvador para que, quando tempos tumultuados chegarem e não souber o que acontecerá a seguir, você possa ouvir o pulsar incessante e ilimitado do coração amoroso de Cristo.

30 DE SETEMBRO

Levará os cordeirinhos nos braços
e os carregará junto ao coração
ISAÍAS 40:11

Um grande fardo é detonado quando logo pela manhã, ao acordarmos, levamos nosso coração, mente e alma com todas suas necessidades ao Grande "Almalogista", Jesus; oferecendo a Ele nossos cálices vazios e pedindo que os encha com Ele mesmo!

Entretanto, imagine a tristeza que causamos ao Senhor quando continuamos a não acreditar em Seu amor. O que mais Ele poderia dizer? O que mais Ele poderia fazer?

Creia mesmo quando você não sentir. Tenha convicção mesmo quando não enxergar. Deus deu a vida de Seu Filho para nos revelar o Seu amor e poder. Agora é o tempo para crer!

1º DE OUTUBRO

Certamente a bondade e o amor me seguirão
todos os dias de minha vida.

SALMO 23:6

Deus disse ao rei Ezequias que ele morreria, mas Ezequias "ouviu isso, virou o rosto para a parede e orou ao Senhor" (2RE 20:2). Em resposta, Deus concedeu mais 15 anos de vida a esse rei (v.6).

Contudo, tão logo se recuperou, Ezequias começou a se comportar como se a sua experiência de quase morte tivesse lhe conferido um diploma de doutorado, como se a decisão divina de poupar um dos Seus servos tivesse algo a ver com amar mais certa pessoa do que outra. Deus não pode nos amar mais ou menos do que Ele já nos ama neste momento. Ele escolhe curar ou não curar por Suas próprias razões. Todas as Suas decisões derivam de Seu amor. Logo, se Ele escolhe nos curar ou nos levar para o lar, Seu amor permanece o mesmo.

2 DE OUTUBRO

Falem com carinho a Jerusalém;
digam-lhe que seus dias de luta acabaram
e que seus pecados foram perdoados.

ISAÍAS 40:2

Os capítulos 40 a 66 iniciam um novo tema em Isaías. Nesses últimos capítulos de sua profecia, ele falou de um tempo em que o cativeiro do povo terminaria. Israel seria consolado por Deus e restaurado ao seu propósito determinado.

Amo a maneira como Deus expressa claramente essa transição em Isaías 40:1, depois de tantos capítulos declarando os pecados repugnantes de Israel e as consequências deles. "'Consolem, consolem meu povo', diz o seu Deus." Era chegado o tempo em que o Senhor falaria "com carinho" aos Seus filhos. Ah, como sou grata a Ele pelas palavras gentis que me disse após ter sido disciplinada por causa de meu pecado. Maravilha-me o fato de Deus ser tão fiel.

3 DE OUTUBRO

Viste a aflição de nossos antepassados no Egito
e ouviste os clamores deles junto ao mar Vermelho.

NEEMIAS 9:9

Deus iniciou o relacionamento de salvação entre o povo e o Libertador. Ele conhece intimamente os sofrimentos e dores que resultam da escravidão. E também tem o remédio certo para isso. Ele é quem supre nossas necessidades.

Para todos os que estavam no cativeiro, Deus enviou um Resgatador. Suas palavras libertadoras para o povo de Israel no Antigo Testamento se aplicam da mesma forma a nós como na ocasião em que foram proferidas. Na verdade, Suas palavras de conforto e resgate continuarão a valer enquanto o Senhor se inclinar do Seu santuário nos Céus, olhar para a Terra e ouvir o gemido de alguém cativo.

4 DE OUTUBRO

Então Jesus, cheio do poder do Espírito,
voltou para a Galileia.
LUCAS 4:14

Jesus conheceu a tensão e a luta da tentação. Sabemos como Cristo, reconhecidamente, confrontou as propostas do inimigo de que Ele exercesse Seu poder para Seus próprios interesses e fora da hora determinada. Porém, o Senhor permaneceu obediente em tudo. Assim, o evangelho de Lucas relata que "quando o diabo terminou de tentar Jesus, deixou-o até que surgisse outra oportunidade" (LC 4:13).

Como é encorajador saber que, porque o Espírito de Deus habita em nós, também podemos resistir às tentações "no poder do Espírito" — com mais autoridade do que nunca — mantendo nossa liberdade ao aprender a viver no Seu poder dia a dia.

5 DE OUTUBRO

Você é minha testemunha [...]. Você é meu servo.
Foi escolhido para me conhecer, para crer
em mim, para entender que somente eu sou Deus.

ISAÍAS 43:10

Você percebe nesse versículo a razão de sermos *escolhidas* como Suas testemunhas e servas? É para que pudéssemos *conhecer* e *crer* nele. A palavra hebraica para "conhecer" é *yadha*, um termo antigo que abrange um nível pessoal de familiaridade e era usada comumente para retratar a relação íntima entre marido e mulher.

Sim, um dos principais objetivos para a sua vida neste planeta é conhecer a Deus intimamente e com reverente familiaridade. É por isso que você deveria com frequência olhar para trás e dizer: "Eu pensava que o conhecia e o amava antes!". Nosso relacionamento com Deus deve crescer mais e mais em intimidade com o passar do tempo.

6 DE OUTUBRO

Não estou dizendo que já obtive
tudo isso, que já alcancei a perfeição...
FILIPENSES 3:12

Assim como eu, provavelmente você fica sobrecarregada pela enorme responsabilidade do nosso chamado de ser portadora do nome de Cristo e refletir a Sua glória. Somos criaturas imperfeitas! Como podemos ajudar outros a identificar algo de Deus em nós apenas ao olhar para nossa vida ou por nos conhecer?

É óbvio... já falhamos e erramos o alvo de várias formas. Mas qualquer um que conheça o nosso Deus sabe que Ele é determinado demais para ser detido pelo nosso pecado. O próprio Jesus Cristo habita na vida de cada cristão, e podemos glorificá-lo à medida que externalizamos a presença do Cristo vivo em nosso interior.

7 DE OUTUBRO

Pois Deus, que disse: "Haja luz na escuridão", é quem brilhou em nosso coração, para que conhecêssemos a glória de Deus na face de Jesus Cristo.

2 CORÍNTIOS 4:6

- Fomos criadas para a glória de Deus, criadas com o propósito de conceder um vislumbre visível do caráter invisível de Cristo.
- Cumprimos o nosso propósito quando Deus é reconhecível em nós.
- Entretanto, não temos chance alguma de manifestar a glória de Deus se não for pelo Espírito de Cristo que passou a habitar em nós quando fomos salvas.
- Depois disso, a vida que glorifica a Deus ou que o torna reconhecível é um processo que, idealmente, progride com o tempo e maturidade.

Se conseguirmos compreender as consequências eternas desse desígnio, faremos tudo o que for possível para nos certificar de que todo obstáculo tenha sido removido. Assim, poderemos glorificar o Senhor diariamente e com fidelidade.

8 DE OUTUBRO

Ele enche minha vida de coisas boas;
minha juventude é renovada como a águia!
SALMO 103:5

Muitos cristãos não estão satisfeitos com Jesus. Antes que você me chame de herege, permita-me esclarecer o seguinte: *Jesus nos satisfaz completamente*. Na verdade, Ele é a única forma pela qual qualquer mortal pode encontrar satisfação verdadeira. Porém, acredito que uma pessoa pode receber Cristo como Salvador, servi-lo por décadas e até mesmo encontrá-lo face a face na glória sem jamais ter experimentado satisfação nele.

Por favor, perceba que há uma grande diferença entre a salvação do pecado e a satisfação da alma. A salvação garante nossa vida por toda a eternidade. A satisfação da alma garante a vida abundante na Terra.

9 DE OUTUBRO

*Quando Jesus se aproximou de Jerusalém
e viu a cidade, começou a chorar.
"Como eu gostaria que hoje você compreendesse
o caminho para a paz!", disse ele.*

LUCAS 19:41,42

Jesus chora por nós enquanto não aprendemos a ativar Sua paz. A palavra grega para "chorar" nesse versículo é o termo mais forte para sofrimento em todo o Novo Testamento. E mesmo que Jesus tenha chorado em diversas ocasiões nas Escrituras, essa é a única vez em que Seu sofrimento é descrito com essa palavra tão significativa. Ele deseja profundamente que experimentemos Sua paz.

Quanto a mim, descobri que não posso ter paz no presente baseando-me em um relacionamento do passado. Assim como um rio é continuamente renovado com as águas correntes de fontes e córregos, nossa paz precisa vir do relacionamento ativo, contínuo e obediente com o Príncipe da Paz.

10 DE OUTUBRO

Nem as trevas são escuras para ti. A noite brilhará
como o dia, pois para ti as trevas são luz.

SALMO 139:12 (NVI)

A Palavra de Deus nos diz com frequência para não termos medo, porém nem todos os nossos medos são infundados. Reflita sobre isso. Nossa sociedade apresenta muitas ameaças reais que estão longe de serem produto de nossa imaginação, e os cristãos não estão livres de serem pegos em meio a esse fogo cruzado. Pois a Bíblia não diz para confiarmos no Senhor "se" viermos a passar por águas turbulentas, mas sim "quando" passarmos por elas.

Logo, Deus não está sugerindo que coisas difíceis não sobreviriam aos Seus filhos. Se nada de assustador acontecesse conosco, como a segurança da constante presença de Deus poderia aquietar nossos temores? Sua presença em nossa vida é imutável, mesmo quando a evidência disso não é clara.

11 DE OUTUBRO

Imediatamente, porém, Jesus lhes disse:
"Não tenham medo! Coragem, sou eu!".
MATEUS 14:27

Enquanto Jesus dizia essas palavras a Seus discípulos e caminhava sobre a água, a tempestade continuava violenta. A questão não é que não temos nada a temer, mas que a presença do Senhor é o fundamento da nossa coragem.

Não, nem sempre Cristo acalmará imediatamente a tempestade, mas Ele sempre estará disposto a acalmar Seus filhos com a Sua presença. "Não se preocupe!", Ele diz. "Eu sei que os ventos estão fortes e as ondas são altas, mas eu sou Deus sobre ambos. Se eu permito que se intensifiquem, é porque eu quero que você me veja caminhando sobre as águas." É provável que jamais nos regozijaremos em nossas tempestades, mas podemos aprender a usufruir da presença de Deus em meio a elas.

12 DE OUTUBRO

A ele deste bênçãos eternas
e a alegria de tua presença.

SALMO 21:6

Antes que possamos usufruir da presença de Deus em nossa vida, precisamos aceitar Sua presença contínua nela como um fato absoluto. Você é daquelas que precisam de evidências para ter certeza? As maiores e maravilhosas impressões digitais que Deus deixou com Sua invisível mão, provavelmente, estão a seu alcance neste momento: as Escrituras.

A Sua Palavra declara que Deus nunca abandona Seus filhos. Ele sempre está perto. No final das contas, nós é que escolhemos acreditar ou não em Deus. Porém, ao optarmos por aceitar a Sua presença como um fato consumado, estaremos livres para seguir em frente e usufruir dela.

13 DE OUTUBRO

E aquele que estava sentado no trono disse:
"Vejam, faço novas todas as coisas!".

APOCALIPSE 21:5

Por mais que eu ame meu marido, minhas filhas, minha família e meus amigos, nenhum relacionamento na minha vida me traz mais alegria do que meu relacionamento com Deus. Certamente, não "cheguei" em algum lugar místico, nem percorri os poucos passos que já dei de forma rápida ou casual. Eu aprendi a usufruir da companhia de Deus com o tempo. Nem todo momento que passo com Ele é aprazível e divertido.

Entretanto, a intimidade com Deus cresce no compartilhar de cada experiência em todas as esferas. Do choro amargo. Do grito por conta da frustração. Das risadas esfuziantes. Do irromper da empolgação. Do ajoelhar-se em adoração. Jesus é vida — tudo desta vida.

14 DE OUTUBRO

Chegou a hora de julgar o mundo;
agora, o governante deste mundo será expulso.

JOÃO 12:31

O inimigo não tem direito algum de impedi-la de concretizar qualquer um dos benefícios que Deus prometeu em Sua Palavra. Eles são seus. Ainda assim, é bem possível que você esteja bem consciente de uma área de sua vida que está de fato em cativeiro.

Insisto que você se coloque hoje diante de Deus com ousadia, rogando em nome de Jesus que Ele não permita o inimigo roubar sequer um pedacinho da vitória que o Senhor tem para você. Não podemos deixar que a intimidação ou o medo nos aprisionem, em nenhuma área de nossa vida. Lembre-se de que Satanás não pode exercer autoridade alguma sobre sua vida. Ele fará o possível para enganá-la. Não o permita. Em vez disso, preste atenção: o sino da libertação já está soando.

15 DE OUTUBRO

Esta é a única obra que Deus quer de vocês:
creiam naquele que ele enviou.
JOÃO 6:29

Você talvez esteja batalhando em um aspecto que lhe aprisiona há bastante tempo. Ou talvez não tenha ideia do que a esteja impedindo de vivenciar totalmente as benesses da sua salvação. Talvez tenha quase desistido de experimentar realmente a vida abundante. Em algum lugar pelo caminho, você deixou de acreditar que Deus teria esse poder.

Porém, se você estiver disposta a admitir sua falta de confiança nele, Cristo está mais do que disposto a ajudá-la a superar sua incredulidade. Crer na capacidade e nas promessas de Deus é um pré-requisito essencial para materializar a libertação que recebemos através de Jesus Cristo.

16 DE OUTUBRO

Deus não é homem para mentir, nem ser humano
para mudar de ideia. Alguma vez ele falou
e não agiu? Alguma vez prometeu e não cumpriu?

NÚMEROS 23:19

Você consegue pensar em alguma vez em que Deus se mostrou indigno de sua confiança? Se pensarmos que encontramos alguma infidelidade em Deus, creio que alguma das seguintes coisas aconteceu: 1) interpretamos mal a promessa, 2) não percebemos a resposta, ou 2) desistimos antes do tempo que Deus determinou para nos responder.

Devemos simplesmente continuar crendo nele, pois a incredulidade nos sabota, lançando enormes obstáculos no caminho de uma vida vitoriosa. Os passos que tomamos em direção a Deus são tomados pela fé. Isso não significa que Ele pede que creiamos na nossa habilidade de praticarmos uma fé inabalável. Ele meramente nos pede que creiamos que Ele é capaz.

17 DE OUTUBRO

*No mesmo instante, o pai respondeu: "Eu creio,
mas ajude-me a superar minha incredulidade".*

MARCOS 9:24

Se você tem dificuldades em crer que realmente poderia viver a libertação em Cristo, você se disporia a fazer a Jesus o mesmo pedido desse pai em Marcos 9:24? Dedique um tempo em oração pedindo ao Pai para que você supere a sua incredulidade.

O apóstolo Paulo disse isso de uma maneira bem melhor: "conheço aquele em quem creio e tenho certeza de que ele é capaz de guardar o que me foi confiado até o dia de sua volta" (2TM 1:12). Tendemos a correr para Deus na tentativa de obtermos alívio temporário. Porém, Deus procura pessoas que caminhem com Ele em contínua confiança. Portanto, escolha crer. Aqueles que creem nele jamais serão envergonhados.

18 DE OUTUBRO

O teu nome e a tua lembrança
são o desejo do nosso coração.
ISAÍAS 26:8 (NVI)

Deus é glorificado através de qualquer um dos Seus filhos que lhe permite que Ele se revele grande ou poderoso. Então como podemos nos certificar de estarmos vivendo de forma que glorifique a Deus? Adotando uma atitude que glorifique a Deus.

Somos convidadas a permitir que o Rei de toda a criação revele a si mesmo por nosso intermédio. Ele não divide Sua glória com nenhum outro, nem mesmo com Seus filhos — não que Ele seja extremamente egoísta, mas porque Ele está interessado em nossos tesouros eternos. Ao exigir que busquemos somente a Sua glória, Ele nos chama a superar a tentação natural e esmagadora de buscar nossa própria glória. O caminho para a verdadeira alegria e identidade é desejar o Seu "nome e lembrança".

19 DE OUTUBRO

Só restarão os pobres e os humildes,
pois eles confiam no nome do Senhor.

SOFONIAS 3:12

Deus deseja alcançar o nosso coração, mas o orgulho cria uma barreira. Deus pretende nos libertar de todo obstáculo do passado, mas o orgulho se recusa a olhar para trás e recomeçar. Deus quer nos tratar de acordo com o que está prescrito em Sua Palavra, mas a altivez não aceita receber ordens.

Deus anseia nos retirar dos armários escuros, mas a soberba diz que nossos segredos não são problema de ninguém. Deus quer nos ajudar com os problemas que nos constrangem, mas a arrogância *nega* a existência de problemas. Deus deseja nos tornar fortes nele, mas a presunção não admite a existência de fraquezas. Ouça isso de quem conhece a realidade do cativeiro: o orgulho inibe a jornada rumo à libertação.

20 DE OUTUBRO

Foi enganado por seu orgulho.

OBADIAS 1:3

Provérbios 8:13 traz uma fala de Deus dizendo "odeio o orgulho e a arrogância". Provérbios 11:2 declara: "O orgulho leva à desgraça, mas com a humildade vem a sabedoria". Provérbios 13:10 ainda afirma que "O orgulho só traz conflitos, mas os que aceitam conselhos são sábios". E, nas conhecidas palavras de Provérbios 16:18 que "O orgulho precede a destruição; a arrogância precede a queda".

Vejamos… Deus odeia o orgulho, pois este leva à desgraça, traz conflitos e nos direciona à destruição como uma bússola aponta para o norte. O primeiro ponto para remover tal obstáculo é ver o orgulho como o inimigo perverso que ele é.

21 DE OUTUBRO

Alguém tem sede? Venha e beba,
mesmo que não tenha dinheiro! Venha,
beba vinho ou leite; é tudo de graça!
ISAÍAS 55:1

Deus deseja que encontremos nossa satisfação somente nele ao invés de desperdiçarmos nosso tempo e esforços em coisas que não podem nos satisfazer. Acredito que Ele cria e aciona uma insatisfação desagradável em nós por uma excelente razão. Afinal, sabemos muito bem que Deus nos criou com uma necessidade que somente Ele pode atender.

Ele quer que descubramos a única coisa que pode verdadeiramente saciar nosso coração faminto e sedento. Ainda assim Ele nos dá o livre-arbítrio para que possamos escolher se aceitamos ou não Seu convite para ir até Ele. Veja, a insatisfação não é algo terrível, mas algo de Deus. Ela só se torna terrível se não permitimos que ela nos conduza a Cristo.

22 DE OUTUBRO

Há outro Deus além de mim? Não!
Não há nenhuma outra Rocha, nenhuma sequer!
ISAÍAS 44:8

Todas nós, em algum momento, exaltamos alguém ou algo a um patamar que pertence somente a Deus. Mas para avançarmos na estrada para a liberdade, precisamos remover tudo que esteja em uma posição inadequada de honra.

Começamos ao reconhecer os obstáculos como idolatria (essa é a parte mais fácil). Porém, logo descobrimos que remover os ídolos é muito difícil, pois alguns deles ocuparam certos lugares em nossa vida por muitos anos e somente o poder divino pode derrubá-los. Tenha coragem ao saber isto: Deus é especialista em retirar todos os ídolos que carregamos e em nos libertar.

23 DE OUTUBRO

Quando vier o Espírito da verdade,
ele os conduzirá a toda a verdade.

JOÃO 16:13

Nosso anseio por sermos saciadas é tão forte que no momento em que algo ou alguém parece atender nossas necessidades, somos intensamente tentadas a adorá-lo. Mas se você está se apegando a algo hoje que atende a esse seu desejo por satisfação, você estaria disposta a reconhecer que isso é uma mentira?

Mesmo que sinta que não consegue abandonar isso neste momento, você o apresentaria diante do Senhor — talvez literalmente levantando sua mão como um símbolo — e confessaria tal coisa como um ídolo? O Espírito Santo não a convence disso para condená-la, mas para ajudá-la a perceber tal situação e a buscar perdão. Você estenderá sua mão a Ele? O Senhor está de braços abertos para você.

24 DE OUTUBRO

Assim, descobri esta lei em minha vida:
quando quero fazer o que é certo,
percebo que o mal está presente em mim.

ROMANOS 7:21

Posso dizer, por experiência própria, que em momentos do pior cativeiro, o que eu mais queria era ser obediente a Deus. Estava arrasada em minha rebeldia e não conseguia compreender por que eu continuava fazendo escolhas erradas.

Sim, eram as minhas escolhas e eu assumi a responsabilidade por elas como meus pecados. Porém, Satanás havia me prendido com tanta força que eu me sentia totalmente incapaz de obedecer, mesmo que essa fosse desesperadamente a minha vontade. Eu *não era* incapaz, mas agi assim enquanto acreditei nessa mentira. Infelizmente, afundei nas profundezas antes de descobrir a plena satisfação em Deus. Oro para não aceitar nada menos que isso até o final dos meus dias. E você?

25 DE OUTUBRO

Alegrem-se em nossa esperança. Sejam pacientes
nas dificuldades e não parem de orar.

ROMANOS 12:12

O inimigo alcança vitória sobre nós quando deixamos de orar! Ele prefere que façamos qualquer coisa, menos orar.

Ele gosta de ver o quão exaustas ficamos em atender nossas demandas, pois sabe que vamos acabar ficando ressentidas se não orarmos. Ele prefere nos ver estudando a Bíblia de madrugada, porque ele sabe que não teremos nem entendimento profundo nem poder para vivermos o que aprendemos se não orarmos. Ele sabe que vida sem oração é vida sem poder — uma prescrição precisa para a ansiedade, uma rota certa para a falta de paz. Já a vida de oração é vida cheia de poder.

26 DE OUTUBRO

*Dediquem-se à oração
com a mente alerta e o coração agradecido.*
COLOSSENSES 4:2

Uma das razões pelas quais a falta de oração é um grande obstáculo é porque quando Satanás mira em nós, nenhuma das alternativas seguintes nos protege se não estivermos em comunicação direta com Deus.

1. *Disciplina.* Em tempos de grande tentação e fraqueza, a disciplina pode sair voando como um pássaro que foge por uma janela aberta.

2. *Lições anteriores.* Normalmente não pensamos direito quando recebemos um ataque surpresa.

3. *O que é melhor para nós.* A natureza humana é autodestrutiva demais para escolher o melhor nos momentos de fraqueza.

A oração nos faz andar em paz e vitória mesmo quando nos encontramos em uma zona de batalha.

27 DE OUTUBRO

*...tendo os pés calçados com
a prontidão do evangelho da paz.*

EFÉSIOS 6:15 (NVI)

São nossos pés que nos mantêm equilibradas quando caminhamos. Nesse trecho das Escrituras sobre a armadura espiritual — onde aprendemos sobre tudo o que Deus nos deu para estarmos alertas e poderosos em Seu Espírito —, Paulo fala sobre como nossos pés nos auxiliam na batalha.

Nosso equilíbrio no campo de batalha se estabelece por sabermos que, apesar de estarmos de fato em guerra declarada contra Satanás, que realmente é poderoso, estamos em paz com Deus, que é gloriosamente onipotente e luta nossas batalhas por nós. Nossos pés estão aptos para a batalha espiritual quanto estão confortavelmente firmados no evangelho da paz.

28 DE OUTUBRO

*Orem também por nós, para que Deus nos dê
muitas oportunidades de falar do segredo a respeito
de Cristo. É por esse motivo que sou prisioneiro.*

COLOSSENSES 4:3

Você consegue imaginar como a vida do apóstolo Paulo e da recém-nascida Igreja teria sido diferente se ele tivesse permitido que o medo o controlasse, se ele não dependesse da oração? Por meio da fé — o oposto do medo —, Paulo estava espiritualmente livre mesmo que estivesse fisicamente acorrentado. Se ele sucumbisse ao medo, é provável que mesmo se mantendo fisicamente livre, poderia estar espiritualmente preso.

A oração importa. Não são apenas palavras ao vento. O Espírito de Deus é liberado através das nossas orações e de outros irmãos, e Ele é suficiente para transformar covardes em conquistadores, caos em calma, lamento em consolo.

29 DE OUTUBRO

Meu templo será chamado casa de oração
para todas as nações.
ISAÍAS 56:7

Abraão orou. Isaque orou. Jacó orou. Moisés saiu da presença de Faraó e orou. Moisés orou pelo povo. Ana chorou muito e orou. Davi orou. Elias deu um passo à frente e orou. Jó orou por seus amigos. Ezequias orou ao Senhor. Daniel se ajoelhou e orou. De dentro do peixe, Jonas orou. Bem no início da manhã, quando ainda estava escuro, Jesus se levantou, saiu da casa e foi para um lugar deserto onde Ele costumava orar. Afastando-se um pouco dali, Ele prostrou-se com o rosto em terra e orou.

Nosso inimigo certamente conhece o poder da oração. Ele tem observado essa prática furiosamente há milhares de anos.

30 DE OUTUBRO

Não há remédio em Gileade? Não há médico ali?
Por que não há cura para as feridas do meu povo?

JEREMIAS 8:22

À s vezes, peço às pessoas que observem tanto os aspectos positivos quanto negativos em seu histórico familiar, não para discutir os efeitos da genética ou do ambiente, mas para ajudá-las a se livrar de tudo que atrapalhe a vida delas em Cristo.

Nosso inimigo sabe que as questões envoltas em segredos ocultos não são expostas à luz curadora de Deus. Você pode identificar algumas ruínas antigas presentes em gerações de sua família. Mas, graças a Deus porque, apesar de o passado ser imutável, o Senhor pode ajudá-la a alterar a forma como lida com o que herdou. E as mudanças que Deus faz em seu interior certamente transformarão o seu futuro!

31 DE OUTUBRO

*Não mude de lugar os antigos marcadores
de divisa estabelecidos pelas gerações anteriores.*

PROVÉRBIOS 22:28

Um marcador de divisa antigo era bem parecido com uma cerca. Ele servia como um lembrete visual do que pertencia a cada proprietário e quais eram as demarcações legais do terreno. Esses limites lembravam às pessoas que elas estavam cruzando uma linha.

Os Dez Mandamentos de Deus, listados em Êxodo 20, são a pedra fundamental de tais divisas. Não podemos alterá-los para que se encaixem em nosso estilo de vida. Porém, existe um aspecto muito mais prático nisso do que a mera desobediência. Aqueles que vivem fora desses limites retornarão a suas prisões. Não somente voltarão a elas, mas deixarão o caminho aberto para a próxima geração os trilhar também.

1º DE NOVEMBRO

Não se curve diante deles nem os adore,
pois eu, o Senhor, seu Deus, sou um Deus zeloso.
ÊXODO 20:5

A ideia do zelo ou ciúme de Deus é uma pedra de tropeço para algumas pessoas. Quando o Senhor se referiu a si mesmo como um Deus zeloso, Ele obviamente não quis dizer que tinha ciúmes dos ídolos. Eles não possuem glória alguma e não podem oferecer salvação. Tudo o que os ídolos fazem é desviar a atenção das pessoas do único e verdadeiro Deus, Aquele que é digno do nosso louvor, nosso único Resgatador.

O zelo de Deus é mais parecido com o de uma mãe ou pai que vê seu filho ser enredado por uma seita destrutiva. Esses pais se esforçarão e orarão incansavelmente até que seu filho volte à liberdade. Esses pais não têm ciúmes *do* filho, mas zelam *por* ele. Deus é assim — zeloso por nós, Seus filhos.

2 DE NOVEMBRO

Esse enorme dragão, a antiga serpente
chamada diabo ou Satanás, que engana o
mundo todo, foi lançado na terra com seus anjos.
APOCALIPSE 12:9

A "antiga serpente" está por aí há bastante tempo. Podemos admitir tranquilamente que ele e seus serviçais sabem mais sobre o nosso histórico familiar do que a pesquisa genealógica mais completa poderia revelar. De fato, se conhecimento é poder, nosso inimigo é bastante poderoso — e não tem escrúpulos quanto a usar nossa herança terrena para nos desviar.

Entretanto, apesar de existir há milhares de anos, não creio que essa "antiga serpente" tenha muitas ideias novas. No geral, ela provavelmente tenta nos seduzir utilizando a mesma estratégia que usou com nossos antepassados. Talvez isso não seja muito criativo, mas é bastante eficiente. Quais são os elementos evidentes que o inimigo continua lançando sobre você?

3 DE NOVEMBRO

Não se deixem enganar pelo que dizem…
2 TESSALONICENSES 2:3

Satanás é enganador, desencaminhando a nossa mente. Ele é astuto e sutil, e quanto mais imperceptível for o seu agir, menor será a nossa resistência a ele. Por exemplo, um dos grandes perigos de um jugo familiar é que ele se camufla muito bem no percurso de nossa vida e no de nossa família.

Certo dia, estávamos passeando com nosso cachorro em uma trilha pelo campo quando Keith subitamente agarrou o meu braço e disse: "Não se mexa!". A maior cobra cabeça-de-cobre que ele já tinha visto estava enrolada no caminho apenas alguns passos à nossa frente. Keith conseguiu ver a cobra porque como caçador sua visão está habituada a enxergar criaturas camufladas. Nós deveríamos ter essa habilidade também.

4 DE NOVEMBRO

*Mas, se sofrerem por ser cristãos,
não se envergonhem; louvem a Deus por
serem chamados por esse nome!*

1 PEDRO 4:16

Parte do processo para encontrar a plenitude é passar a limpo nossa herança familiar à maneira de Cristo. Com Ele, podemos reter o que há de melhor e abandonar o que for ruim. Precisamos amar e aceitar nossos familiares mesmo que não aprovemos sempre o estilo de vida deles ou mesmo que não passemos muito tempo juntos. Mesmo quando a unidade não é possível, precisamos da paz que Cristo pode trazer.

Para que a libertação seja efetiva, precisamos abandonar nossas posturas incorretas, mesmo quando ninguém mais em nossa família queira fazer o mesmo. Se a má conduta é característica de sua família, peça a Deus por liberdade para segui-lo fielmente em meio a tudo isso.

5 DE NOVEMBRO

Quem dera meu pedido fosse atendido,
e Deus concedesse meu desejo.

JÓ 6:8

Quando comecei a buscar a plenitude em Cristo, finalmente reuni coragem para perguntar a Ele em que área eu era mais vulnerável. Ele me revelou que eu temia não ter quem me protegesse e que, se eu não permitisse que Ele me curasse disso, eu estaria propensa a relacionamentos doentios.

Deus e eu trabalhamos bastante nessa questão, e fico feliz que o tenhamos feito. Apesar de meus pais terem sido incríveis e meu marido ser um excelente provedor, a verdade é esta: Deus é minha única garantia. O Conhecedor de todas as minhas necessidades é também o Provedor de cada uma delas. Somente Ele pode me prover total e plenamente.

6 DE NOVEMBRO

O pecado não é mais seu senhor, pois vocês
já não vivem sob a lei, mas sob a graça de Deus.
ROMANOS 6:14

Talvez, você tenha nascido, excepcionalmente, em uma família saudável. Por outro lado, pode descender de uma família oposta a isso e não enxerga nada de positivo nela. Oro para que você permita que Deus lance raios de luz sobre as marcas de graça e bondade em sua herança familiar.

Provavelmente, sua situação é parecida com a minha — uma mistura do melhor e pior de sua linhagem terrena. Oro para que você peça a Deus para ajudá-la a discernir a diferença entre esses dois pontos e permitir que Ele quebre todo vínculo negativo. Creio que você deseja transmitir aos seus filhos somente o melhor, tanto física quanto espiritualmente. Ao se empenhar para estabelecer algo melhor, com certeza você já está trazendo uma mudança positiva.

7 DE NOVEMBRO

*Reconstruirão as antigas ruínas,
restaurarão os lugares desde muito destruídos.*

ISAÍAS 61:4

Nesse texto, quem reconstruirá e restaurará será o povo de Israel que estivera cativo e acabara de ser liberto. Mas acredito que podemos aplicar figurativamente essa promessa a nós, do mesmo modo que ela se aplicava literalmente a eles. Assim como Deus designou os israelitas para reconstruir os muros de Jerusalém, Ele nos orienta a reconstruir nossas antigas ruínas. Ele nos atribui a função de restauradoras.

Acredito que uma razão pela qual Deus pede nossa colaboração é por desejar profundamente que nos relacionemos com Ele. O Senhor nos criou com esse propósito. Para nós é impossível reconstruir antigas ruínas se estivermos distantes de Deus. Mas à medida que nos aproximamos do Senhor, Ele reconstrói nossa vida e caráter. Deus nos cura ao nos presentear com um relacionamento com Ele mesmo.

8 DE NOVEMBRO

Não esconderemos essas verdades
de nossos filhos; contaremos à geração seguinte
os feitos gloriosos do SENHOR.

SALMO 78:4

Cada geração tem uma nova oportunidade de exercer influência positiva sobre outra. Independentemente de qual atrocidade tenha ocorrido em sua linhagem familiar, Deus pode levantar uma nova geração e movimentar as rodas cíclicas da vida rumo às sementes divinas.

Por exemplo, mesmo que um bisavô tenha sido condenado à prisão perpétua por assassinato, o neto dele poderia cumprir com a digna missão de pregar fielmente o evangelho durante toda a sua vida e conduzir milhares ao conhecimento de Cristo. Se o seu sonho ou desejo para seus netos e bisnetos é manter o que você conhece sobre a vontade de Deus, então você terá a aprovação e o apoio de Cristo para começar a estabelecer esse legado.

9 DE NOVEMBRO

...mas demonstro amor
por até mil gerações dos que me amam
e obedecem a meus mandamentos.

ÊXODO 20:6

A palavra hebraica para *demonstro* nesse versículo significa *construir, edificar*. Nesse contexto de influência intergeracional, Deus promete construir bênçãos na vida dos que o amam e obedecem.

O Ancião de Dias (DANIEL 7:9 ARA) aguarda ansiosamente para edificar um fundamento sólido sobre o qual seus descendentes possam viver por anos e anos, se assim escolherem. Se você fizer a sua parte em uma geração, Deus fará a parte dele pelas próximas mil. Eu não sei quanto tempo mais Cristo tardará, mas não creio que protelará por mais mil gerações. Isso significa que a sua vida pode influenciar todos seus descendentes até que Ele venha. Não vale a pena?

10 DE NOVEMBRO

*Os insultos deles me partiram o coração;
estou desesperado! Se ao menos alguém tivesse
piedade de mim; quem dera viessem me consolar.*

SALMO 69:20

Alguma vez essas palavras já se aplicaram a você? Seu coração já se sentiu lutando contra feras selvagens? Você se lembra de alguma ocasião em especial em que sentiu seu coração figurativamente se partindo? Na época, você tinha alguma ideia de que Deus se importou tanto que enviou Seu Filho diretamente ao seu coração?

Você está presa a alguma ferida em seu coração que nunca permitiu que Cristo tratasse e curasse? Está disposta a entregar seu coração mais uma vez somente para Ele? Afinal, foi para isso que o Pai enviou Jesus a nós. O arco já foi montado e a Flecha está pronta. Basta você baixar sua guarda ao Senhor.

11 DE NOVEMBRO

Pois Deus não é Deus de desordem, mas de paz.
1 CORÍNTIOS 14:33

Cristo nunca gera uma situação de violência ou abuso, mesmo que a Bíblia nos ensine que algumas dificuldades em nossa vida são enviadas por Deus especificamente para nosso crescimento e aprimoramento pessoal.

O abuso infantil não é uma delas.

Quando você estiver tentando discernir se uma dificuldade vem de Deus ou de Satanás, um dos melhores indicativos é olhar se há pecado envolvido. Deus nunca nos leva a pecar, nem utiliza o pecado ou a perversão de alguém como forma de nos moldar à imagem de Cristo. Isso é impossível! O Senhor pode até permitir o pecado, mas Ele não o utiliza.

12 DE NOVEMBRO

Clamo ao Deus Altíssimo,
ao Deus que cumpre seus propósitos para mim.
SALMO 57:2

Entre outras coisas, creio que algumas das razões pelas quais Deus permitiu que a violência na infância acontecesse comigo foram:

1. Ajudar-me a ter compaixão pelas pessoas que foram feridas na infância.

2. Ele sabia que os crimes de violência contra crianças viriam à tona nesta geração, e Seu desejo era levantar cristãos que falassem em público sobre isso a partir de Sua Palavra.

3. Ele queria que eu ensinasse como tornar realidade a liberdade em Cristo a partir de minha experiência de sofrimento.

Deus sempre tem Suas razões.

13 DE NOVEMBRO

Viste a injustiça que me fizeram, SENHOR.
LAMENTAÇÕES 3:59

Se você já foi vítima de abuso quando criança, pode estar pensando: *As complicações e repercussões são tão esmagadoras. É tão difícil lidar com isso!* Eu concordo. Esse é um dos motivos pelos quais Jesus afirma que seria melhor para qualquer perpetrador amarrar "uma grande pedra de moinho ao pescoço", e se afogar "nas profundezas do mar" (MT 18:6).

Sem dúvida, a violência na infância é um gigante tremendo a ser combatido ao longo da vida, especialmente se o agressor era alguém que deveria ser o protetor. Mas assim como Deus fortaleceu o jovem Davi e ele derrotou Golias, o Senhor a fortalecerá se você permitir.

14 DE NOVEMBRO

*Quando estiverem orando, se tiverem
alguma coisa contra alguém, perdoem-no.*
MARCOS 11:25

Perdoar o meu agressor não foi simplesmente dar de ombros, e balbuciar: "Ok, eu o perdoo", e seguir com a vida como se nada tivesse acontecido. Algo *aconteceu* e trouxe um prejuízo terrível à minha vida.

O perdão envolveu lançar sobre Deus a responsabilidade de fazer justiça. Pois quanto mais eu retinha o perdão, mais os grilhões sufocavam a minha vida até me exaurir.

Perdoar foi entregar minha causa a Cristo e decidir me livrar da amargura e da culpa. Penso que cheguei a um ponto em que sentia mais pelo agressor do que por mim. Prefiro ser uma vítima amada e cuidada pelo Senhor do que o vitimizador.

15 DE NOVEMBRO

*Então o anjo me mostrou o sumo sacerdote Josué
em pé diante do anjo do Senhor. Satanás,
o acusador, também estava ali, ao lado direito
do anjo, e fazia acusações contra Josué.*

ZACARIAS 3:1

Para não permitir mais vantagem ao inimigo, devemos impedir que ele se approprie de qualquer fração do nosso passado. Isso não é um bom motivador? É hora de direcionar nossa indignação contra o autor da violência: o próprio Satanás. No final das contas, o acusador (Satanás) é o maior de todos os abusadores.

Fui abusada mais vezes do que gostaria de lembrar, mas Satanás me acusou todos os dias da minha vida até que eu finalmente disse "Basta!", e aceitei receber a cura e o perdão de Deus. Não podemos ser definidas por algo que nos aconteceu, ou que alguém tenha feito conosco. Somos definidas por quem somos em Cristo.

16 DE NOVEMBRO

*Eu o conheci antes de formá-lo no ventre
de sua mãe; antes de você nascer, eu o separei.*

JEREMIAS 1:5

"Minha filha, eu sabia todas as dificuldades que você entrentaria em sua vida. Sofri cada uma delas com você. Eu a amei e fiz um plano para sua vida antes que você nascesse. Esse plano não mudou, mesmo com tudo o que aconteceu ou que você tenha feito.

"Entenda, Eu sabia tudo a seu respeito antes que você fosse formada e jamais permitiria que algo pudesse machucá-la se Eu não pudesse usar isso para a eternidade. *Você me permitirá usar essa situação?* A sua verdade será incompleta a não ser que você a coloque sobre o pano de fundo da minha verdade. Sua história estará incompleta até que você permita que eu faça minha parte quanto à sua dor. Permita-me também aperfeiçoar aquilo que diz respeito a você. Eu permaneço sendo Seu Pai Fiel."

17 DE NOVEMBRO

Espero por tua ajuda,
Senhor Soberano! És meu refúgio.

SALMO 141:8

Nem sempre podemos contar com a simpatia de outros quando, de repente, nosso coração é destroçado. Na verdade, nossos sofrimentos não são responsabilidade de ninguém. Na realidade, eles pertencem a Jesus.

Lembre-se de que Ele veio para tratar os feridos. Tudo o que alguém pode realmente fazer por nós é sentar conosco e olhar nosso coração sangrar, pois qualquer pessoa não aguenta essa realidade por muito tempo. Mas Jesus jamais se intimida com a profundidade de nossas carências ou pela demonstração de nossa fraqueza. Sou tão grata por não precisar me fazer de forte quando estou sofrendo e a sós com Deus! E você?

18 DE NOVEMBRO

Nosso Sumo Sacerdote entende nossas fraquezas.
HEBREUS 4:15

Que coisas pecaminosas ou nocivas você já fez, ou desejou fazer? Se estou lendo esse versículo direito, Cristo também foi tentado a reagir exatamente como você. Considero reconfortante saber que Cristo não fica chocado e vira o rosto quando tenho uma vontade terrível de agir de certa maneira.

Jesus enfrentou as mesmas tentações sem pecar. Isso me encoraja. Não importa como reagi à traição ou a qualquer outra mágoa profunda no passado, fico muito contente em saber que existe um caminho para ser vitoriosa. Cristo já o percorreu! E se, em minha situação, eu seguir os passos do Senhor até o fim, também conseguirei. Nunca é tarde demais para aceitar a Sua liderança em meio a uma crise.

19 DE NOVEMBRO

Quem vive e crê em mim jamais morrerá.
Você crê nisso...?
JOÃO 11:26

A morte parece tão definitiva. Mesmo que acreditemos que a morte não seja o fim, nosso coração geralmente sofre como se fosse. Mas todos os seguidores de Cristo ressurgirão da morte. Ele nunca permite que uma doença acabe em morte para um cristão. Por favor, não pense que sou mórbida, mas não tenho certeza se, de fato, foi vantajoso para Lázaro reviver aqui! Quando eu morrer, prefiro não ter que acordar neste mundo e fazer tudo de novo.

Contudo, assim como a morte nunca é o fim da vida de alguém que está em Cristo, ela não precisa ser o fim para os nossos queridos que continuam a viver aqui. Você sente que quase não consegue mais seguir em frente? Cristo deseja reerguê-la dentre os mortos-vivos.

20 DE NOVEMBRO

A princesa é uma linda noiva,
belíssima em seu vestido dourado.

SALMO 45:13

Se Satanás a convenceu que você é algo menos que a filha do Rei dos reis, escolhida a dedo... se você pensa que qualquer coisa poderia roubar sua herança real... e se você acredita que merece ser maltratada ou desrespeitada, então você tem algo em comum com Tamar, a filha do rei Davi. Todas essas feridas a prejudicaram em sua feminilidade.

Oro para que o Espírito Santo repare os nobres trajes dos filhos e filhas do Rei. Oro para que Ele restaure a dignidade perdida, ensine-nos sobre a nossa verdadeira identidade e nos liberte para vivermos em pureza. O destino de cada uma de nós, amada irmã em Cristo, é caminhar "belíssima em seu vestido dourado".

21 DE NOVEMBRO

*Você conquistou meu coração,
minha amiga, minha noiva.*
CÂNTICO DOS CÂNTICOS 4:9

É interessante observar que a Palavra de Deus não se refere a nós como as esposas de Cristo, mas como Sua noiva. Para mim, a palavra *noiva* indica várias coisas que não se aplicam à palavra *esposa*. Noiva tem um quê de novidade e frescor. Um vestido lindo, impecável. A fragrância do perfume. Lábios lindamente pintados. Olhos cintilantes. Geralmente penso em juventude. Talvez inocência.

Acredito que todas essas características se aplicam ao nosso relacionamento com Cristo e à consumação do nosso casamento com Ele. A Bíblia nos revela que apesar de nossa união com Cristo durar pela eternidade, ela se manterá nova e verdadeira. Assim, de alguma maneira, sempre seremos noivas.

22 DE NOVEMBRO

Lembro-me de como você desejava me agradar,
quando era uma jovem noiva, muito tempo atrás.
Você me amava e me seguia até mesmo no deserto.

JEREMIAS 2:2

Uma característica de uma noiva apaixonada é sua disposição em seguir o noivo para lugares que podem parecer desertos. Nosso Noivo, às vezes, leva-nos por caminhos difíceis, mas podemos confiar nele ao saber que sempre há um propósito e que jamais seremos abandonadas.

Normalmente, a razão pela qual o marido recém-casado leva sua esposa a um lugar novo é lhe proporcionar uma qualidade de vida melhor. Acredito que o mesmo se aplique a Cristo. Todas as mudanças que Ele traz são para nos conceder uma vida melhor. Mesmo quando o seguimos pelo deserto, buscando-o ainda com mais frequência, o Senhor nos permite experimentar a plenitude nele.

23 DE NOVEMBRO

O Filho irradia a glória de Deus,
expressa de forma exata o que Deus é e,
com sua palavra poderosa, sustenta todas as coisas.

HEBREUS 1:3

Enquanto eu me preparava para meu casamento, pensava bastante em como seria ser esposa. Não simplesmente ser uma esposa, mas ser a esposa de Keith. O mesmo acontece enquanto nos preparamos para sermos a noiva eterna. Não seremos somente parte de uma linda cerimônia — seremos a noiva de Cristo.

A Palavra de Deus não diz que devemos nos preparar apenas para o casamento, mas para o Noivo. Dessa forma, não podemos nos arrumar sem pensar nele — meditando em nossas semelhanças (que felizmente têm crescido), pensando em nossas diferenças e em como podemos nos ajustar, simplesmente pensando em quão maravilhoso Ele é!

24 DE NOVEMBRO

*E esse mesmo Deus que cuida de mim lhes suprirá
todas as necessidades por meio das riquezas
gloriosas que nos foram dadas em Cristo Jesus.*

FILIPENSES 4:19

O inimigo é um arqueiro experiente. E quando o alvo são mulheres, o círculo central costuma ser os sonhos de infância.

Crescemos acreditando na história da Cinderela, mas para várias de nós o palácio se tornou um apartamento, nosso príncipe se transformou num sapo e a madrasta malvada se tornou nossa sogra. Em meio a isso, parece que a fada madrinha perdeu o nosso endereço.

Todavia, a bem da verdade, muitos dos nossos sonhos de infância só se realizam em Cristo — de maneiras muito mais profundas do que conseguimos perceber. Às vezes, Deus permite certos desapontamentos em nossa vida para que depositemos ainda mais nossas esperanças nele.

25 DE NOVEMBRO

A sabedoria ilumina o rosto
e abranda a dureza das feições.
ECLESIASTES 8:1

Um dos maiores milagres que experimentamos *no presente*, ao ter um relacionamento maravilhoso e pleno com Cristo sem termos de aguardar para tê-lo Céu, é perceber que Ele alivia o estresse de nossos relacionamentos terrenos.

Amar a Cristo não me faz amar menos meu marido. Pelo contrário, através de Cristo eu o amo mais ainda. Cristo nos ajuda a vermos um ao outro como Ele nos vê. O Senhor apara as arestas do nosso relacionamento imperfeito e nos lembra que a parceria perfeita ainda está por vir. Até lá, nossos desafios nos ajudam a crescer e a nos preparar para a eternidade. Ser bela aos olhos de Cristo me liberta para de fato parecer e ser o meu melhor, sem sentir o peso de ter que aparentar algo que não sou.

26 DE NOVEMBRO

Quando vocês produzem muitos frutos,
trazem grande glória a meu Pai e demonstram
que são meus discípulos de verdade.

JOÃO 15:8

Deus criou toda forma de vida para ser fértil e multiplicar, mas esse sonho dado por Deus vai muito além de filhos biológicos. Acredito que nosso sonho de ter bebês representa um desejo por ter vidas frutíferas, por investir em algo que importa e que faça a diferença. Nosso desapontamento com Deus é geralmente resultado de pensarmos pequeno.

O potencial para gerar filhos espirituais — aqueles que ensinamos e ajudamos a crescer na fé — é virtualmente ilimitado na vida e no coração de quem é fisicamente estéril. Se Deus restringiu sua fertilidade física, Ele deseja capacitá-la para gerar filhos espirituais e produzir muito fruto.

27 DE NOVEMBRO

Venha celebrar comigo.
MATEUS 25:21

Cada uma de nós tem sonhos. E se confiarmos em Cristo de todo o nosso coração, nada poderá impedir Deus de, através de Sua realidade divina, conceder-nos muito mais do que sonhamos.

O suicídio do marido não pôde impedir Deus de ir além dos sonhos de Kay Arthur. A paralisia repentina não pôde impedir Deus de superar os sonhos de Joni Eareckson Tada. Um sofrimento terrível em um campo de concentração nazista não pôde impedir Deus de exceder os sonhos de Corrie ten Boom. Deus supera os nossos sonhos quando nos lançamos para além de nossos planos e objetivos pessoais para segurar na mão de Cristo e percorrer o caminho que Ele escolheu para nós.

28 DE NOVEMBRO

*Esse povo é rebelde e teimoso
e se recusa a ouvir a lei do Senhor.*
ISAÍAS 30:9

A palavra hebraica para "ouvir" nesse versículo é *shama*, ela significa "ouvir com atenção exclusiva". Você é como eu e tem dificuldade em ouvir qualquer pessoa com atenção exclusiva? Mas Isaías 30:9 não está falando de quem ocasionalmente é desatento. Na verdade, esse profeta fala de pessoas rebeldes que não *querem* escutar ninguém.

Às vezes não escutaremos a voz de Deus por resistirmos a Sua correção, ao Seu redirecionamento ou ao Seu desafio para mudarmos. É um engano, uma verdadeira tragédia, imaginar que Deus nos diz algo para nos derrotar. Quando se trata de nós, o Senhor tem Sua mente centrada em uma coisa somente: Ele quer que vivamos como as vitoriosas que somos.

29 DE NOVEMBRO

Em minha angústia, orei ao Senhor;
o Senhor me ouviu e me livrou.
SALMO 118:5

Sempre que retornarmos a Deus e descansarmos com confiança em Suas promessas e poder, encontraremos livramento. A palavra hebraica para "livrou" é *yasha*, significando "estar em lugar aberto, amplo, livre... é o oposto de *tsarar*, comprimir". É a representação de um lugar espaçoso onde podemos nos mover confortavelmente.

Eu já experimentei pessoalmente a liberdade ampla da obediência a Cristo, mas também já conheci a sensação miserável e restritiva da rebeldia. Voltar ao Senhor não é uma questão de se determinar a fazer o melhor com a nossa própria força, mas sim permitir a Ele nos colocar em lugares espaçosos de Seu amor e graça.

30 DE NOVEMBRO

Mas, ao confiar no faraó, serão envergonhados;
ao esconder-se nele, serão humilhados.

ISAÍAS 30:3

O que acontece se continuarmos em rebelião, rejeitando a Palavra de Deus, confiando na opressão e dependendo do engano? Esses pretensos muros de proteção ao nosso redor ruirão como o barro que se despedaça. Aqueles que são cristãos não perderão a salvação, mas podemos perder uma tremenda proteção.

Como disse antes, o resumo em termos gerais é este: o barro que insiste em agir como se fosse o Oleiro fatalmente se despedaçará. Graças sejam dadas a Deus por Ele ainda amar vasos rachados! Não esperemos até estarmos completamente em pedaços para retornar a Ele, confiando em Seu poder curador e protetor.

1º DE DEZEMBRO

Deus se senta acima do círculo da terra.

ISAÍAS 40:22

Se você dedicar um tempo à leitura de Isaías 40, descobrirá algumas poderosas afirmações a respeito da superioridade divina sobre a criação, sobre os ídolos e os seres humanos, bem como a Sua absoluta singularidade.

- Ele "segurou o oceano nas mãos" (v.12).
- Ídolos não são apenas infinitamente inferiores a Deus, mas também são feitos por pessoas (v.19).
- Nenhuma pessoa pode compreender Deus, orientá-lo ou aconselhá-lo (v.13)
- "Quem é igual a mim?" (v.25).

Não há como você se aproximar da Palavra de Deus e não se tornar mais esclarecida e humilde pela Sua grandeza.

2 DE DEZEMBRO

Mas minha salvação é permanente;
meu governo justo não terá fim!
ISAÍAS 51:6

Cada uma de nós que já se lançou na misericórdia do Deus Criador sabe que a Sua justiça jamais falhará, nem *nós* falharemos quando escolhermos obedecer-lhe. Sua justiça durará para sempre, assim como nós, porque Ele valida nossa fé com a Sua justiça eterna.

Sim, o mesmo Senhor que é nosso Criador é também nosso Protetor. Chegará o dia em que nosso opressor será lançado a Seus pés em derrota. O Deus que revolve os oceanos é o mesmo que abre um caminho no profundo mar para que atravessemos. Aquele que estabeleceu os Céus em seu lugar e lançou os fundamentos da Terra nos cobre com a sombra de Sua mão.

3 DE DEZEMBRO

Portanto, não temeremos quando vierem terremotos
e montes desabarem no mar.

SALMO 46:2

Qual é a coisa que todo ser humano na Terra precisa? Do que precisamos quando somos atingidas por terremotos e as montanhas desabam no mar?

Sem isso, os bebês morrem. As crianças precisam disso. Os jovens imploram por ele com suas palavras e ações. Os adultos passam sua vida inteira em busca dele.

Todo mundo necessita ser amado com um amor que não falhe ou desapareça. Verdadeiramente, nosso coração nunca será saudável a não ser que aprendamos a aceitar, a receber e a nos submetermos ao infalível amor de Deus.

4 DE DEZEMBRO

Mas Deus é tão rico em misericórdia
e nos amou tanto que, embora estivéssemos mortos
por causa de nossos pecados,
ele nos deu vida juntamente com Cristo.

EFÉSIOS 2:4,5

O amor de Deus impactou a vida de pessoas fundamentais nas Escrituras. Moisés registrou a sua convicção de que Deus, com Seu amor infalível, conduziria o povo para sua "santa habitação" (EX 15:13). Davi escreveu que "o que confia no SENHOR é cercado de amor" (SL 32:10).

Mesmo após a destruição de Jerusalém, Jeremias reconheceu que Deus "embora traga tristeza, também mostra compaixão, por causa da grandeza de seu amor" (LM 3:32). Uma filha de Deus que acredita ser amada, com certeza experimentará a plenitude que só pode ser encontrada em Cristo.

5 DE DEZEMBRO

Tem misericórdia de mim, ó Deus, por causa do teu amor. Por causa da tua grande compaixão, apaga as manchas de minha rebeldia.

SALMO 51:1

Qual é a importância da relação entre o amor de Deus e a Sua misericórdia? Ah, amada, por favor receba esta verdade: o Pai não pode ser imparcial quanto a você. Ele não pode colocar Seu amor de lado e fazer uma decisão fria e objetiva. Uma vez que você tenha recebido o Seu Filho como Salvador e se tornado uma filha da aliança de Deus, Ele só consegue enxergá-la com olhos de Pai amoroso.

Você e eu nunca seremos rejeitadas quando formos a Ele com o coração genuinamente arrependido, prontas para sermos recebidas em Seus braços de amor. Lembre-se de que Cristo, nos relatos dos evangelhos, nunca se opôs aos pecadores. Ele se opunha somente aos hipócritas.

6 DE DEZEMBRO

*Por teu amor, acaba com meus inimigos
e destrói meus adversários, pois sou teu servo.*

SALMO 143:12

Quando o inimigo se levanta contra nós, o amor fiel de Deus nos proporciona um descanso imensamente seguro e reconfortante! Você já percebeu que se o nosso coração for humilde e justo diante de Deus, poderemos lançar sobre Ele todo conflito e oposição que surge contra nós, sabendo que o Senhor lidará com eles da Sua maneira justa e santa?

Mas o que acontece se nós também estivermos erradas? E se nosso adversário tiver bons argumentos para levantar oposição contra nós? Devemos fazer todo o possível para pedir perdão e ajustar as coisas, mas se a pessoa continuar contra nós, ele ou ela estará sob a responsabilidade de Deus e não nossa.

7 DE DEZEMBRO

Portanto, meus amados irmãos, sejam
fortes e firmes. Trabalhem sempre para o Senhor
com entusiasmo, pois vocês sabem
que nada do que fazem para o Senhor é inútil.

1 CORÍNTIOS 15:58

Você já percebeu como duas pessoas podem ver a mesma experiência de maneiras diferentes? Lembre-se de uma crise em sua casa. Talvez várias pessoas tenham sido envolvidas, mas você provavelmente consegue perceber como as reações foram distintas. Isso acontece porque a mente de cada pessoa registra a situação de forma diferenciada.

É bem comum que causemos mais dor para nós mesmas pela maneira como compreendemos uma situação do que pela própria situação em si. É por isso que, quando tentações e pensamentos perturbadores se levantam, discípulos maduros lançam mão da Palavra de Deus e sabem que ela é a verdade. Eles compreendem e alinham a vida a partir da verdade bíblica.

8 DE DEZEMBRO

Deus, em seu poder, leva embora os ricos; ainda que prosperem, não têm garantia de que viverão.

JÓ 24:22

Temos uma maneira estranha de racionalizar as fortalezas que nos possuem, aquelas que permitimos que continuem em nossa vida. Você já as teve, eu já também. Porém, nunca se esqueça de que Satanás permanece onde quer que uma fortaleza exista. Ele sempre fornece uma lista interminável de racionalizações para as coisas que fazemos ou que nos recusamos a fazer.

Você consegue pensar em uma racionalização ou desculpa que já não tem poder sobre você? Se sim, nunca se esqueça que o mesmo Deus que veio ao seu resgate antes virá novamente. Você pode acreditar que seus obstáculos presentes são maiores, mas eu lhe asseguro que Deus não os vê assim. Ele é Todo-poderoso!

9 DE DEZEMBRO

*Pois, assim como os céus são mais altos
que a terra, meus caminhos são mais
altos que seus caminhos, e meus pensamentos,
mais altos que seus pensamentos.*

ISAÍAS 55:9

Muitos dos nossos pensamentos opressores começaram como sementinhas em nossa mente, mas nós os regamos e cultivamos ao meditar neles continuamente até que se tornassem gigantes como sequoias!

Em outras ocasiões, são como árvores já crescidas que surgem repentinamente por meio de circunstâncias indesejadas, ou esmagadoras, que nos sobrevêm. Contudo, independentemente de esses opressores aparecerem como sementes ou como árvores, sua força destrutiva se conforma ao tamanho que eles ocupam em nossa mente.

Manter a mente estável não é uma questão de negação. Ao invés disso, é algo que se inicia com admitir a verdade. E assim, com a nossa cooperação voluntária, Deus começa a desintegrar o poder desses pensamentos controladores para que eles não exerçam mais sua força destrutiva sobre nós.

10 DE DEZEMBRO

Agora, confessem seu pecado ao Senhor, o Deus de seus antepassados, e façam o que agrada a ele.

ESDRAS 10:11

Confissão significa chegar a ponto de dizer o mesmo que Deus diz sobre um assunto específico. Para o cristão, o primeiro passo para se libertar de qualquer fortaleza é concordar com o que Deus pensa sobre qualquer pecado pessoal que nos levou a tal situação.

Entenda, aquilo que pensamos não é sempre pecaminoso em si. O pecado pode residir simplesmente na forma que exaltamos certo objeto em nossa mente. Por exemplo, nada deveria refletir tanto o coração de Deus quanto o amor de uma mãe por seu filho. Mas se ela extrapola os limites da afeição saudável e chega à superproteção, obsessão e idolatria, ela construiu uma prisão. Sendo assim, não ficaremos livres até confessarmos isso.

11 DE DEZEMBRO

*O diabo lançará alguns de vocês na prisão a fim
de prová-los [...]. Mas, se você permanecer fiel
mesmo diante da morte, eu lhe darei a coroa da vida.*

APOCALIPSE 2:10

Uma vez que estejamos dispostas a enxergar o pecado relacionado a nossas fortalezas e a concordarmos com Deus por meio da confissão, começamos a perceber as mentiras ao nosso redor. Ao destruir definitivamente essas mentiras que revestem a nossa mente, as portas das prisões se abrem.

Entretanto, se Satanás não possui poder ou autoridade para trancar os cristãos em celas de opressão, ele faz hora extra para convencê-los a permanecerem nelas, seduzindo-os com as tentações que ele aprimorou. Infelizmente, ele não precisa de uma solicitação por escrito para fazer seu trabalho sujo. A nossa falha em afixar o aviso "Mantenha distância", por meio do estudo bíblico e da oração, cumpre a função de convidá-lo.

12 DE DEZEMBRO

*Todos que pedem uma bênção ou fazem
um juramento o farão pelo Deus da verdade.*

ISAÍAS 65:16

Tendo arrancado os papéis de parede de mentiras que revestiam nossas celas, devemos substitui-los com a verdade. Preste total atenção nesta frase: *as paredes de sua mente nunca ficarão vazias.* Uma vez que eliminou as mentiras, você deve revestir sua mente com a verdade, ou o inimigo lhe fornecerá, com satisfação, um novo rolo de papel de parede do estoque dele. Outra estampa, talvez um visual mais moderno, mas fornecido pelo mesmo velho e enganador fabricante .

Não me canso de reforçar este ponto: a verdade é a única maneira de reprogramar a nossa rota à liberdade.

13 DE DEZEMBRO

A própria essência de tuas palavras
é verdade; todos os teus justos
estatutos permanecerão para sempre.

SALMO 119:160

Quando você começar a se livrar das mentiras em sua mente, tenha por certo que a batalha se intensificará. Então se prepare para lutar por sua liberdade fazendo algumas escolhas radicais.

No auge de uma de uma de minhas batalhas em particular, lembro-me de ter levado um caderno espiral com uma série de textos bíblicos (meus "cartões da verdade") para o mercado. Eu o coloquei na cadeira de bebê do carrinho e a cada corredor ou dois eu virava uma página e lia um texto novo. Nossa despensa ficou repleta com a mistura das coisas mais estranhas que alguém já viu, mas hoje eu estou livre! A Palavra de Deus é como o soro da verdade. Quanto mais você usá-la, mas iluminada sua mente será.

14 DE DEZEMBRO

Que meus verdadeiros mensageiros
proclamem fielmente todas as minhas palavras;
há diferença entre palha e trigo!

JEREMIAS 23:28

Sair da influência de uma fortaleza que durou muitos anos pode ser como sair da dependência de anos de certa droga. Geralmente, você percebe que a magnitude da fortaleza leva um tempo para esvanescer-se. Mas, quanto mais você desperta para a verdade, mais você percebe o quanto Satanás a enganou. Logo, não é nada incomum se sentir duplamente arrependida vários meses após sua soltura de tal cárcere.

Até que você esteja menos vulnerável, inunde sua mente com a verdade e conteúdos alinhados com a verdade (em oposição às mentiras predominantes na mídia e outras influências enganosas).

15 DE DEZEMBRO

*Portanto, permitir que a natureza humana controle
a mente resulta em morte, mas permitir que
o Espírito controle a mente resulta em vida e paz.*

ROMANOS 8:6

Quando não escolhemos deliberadamente pensar de acordo com o Espírito, nosso "padrão" é seguirmos a carne. Você já deve ter percebido que nunca acordamos de manhã e precisamos escolher ser egoístas. Nossa resposta padrão é atendermos automaticamente ao egoísmo, a não ser que tenhamos nos submetido à autoridade de Cristo e à plenitude do Seu Espírito de liberdade.

Quando pensamos segundo a carne, com frequência nos tornamos ansiosas, nervosas, inseguras e temerosas. Isso sem mencionar gananciosas, luxuriosas, ciumentas e todo tipo de coisa que, como cristãs, não deveríamos ser. Contudo, mesmo quando o Espírito Santo nos convence de algum pecado, Seu propósito com isso é vida e paz. Ele edifica os que creem, Ele jamais nos arruína.

16 DE DEZEMBRO

Aqueles que pertencem a Cristo Jesus crucificaram
as paixões e os desejos de sua natureza humana.

GÁLATAS 5:24

Ore a Deus para que lhe dê uma percepção elevada sobre a maneira como você tem pensado. Tente ficar alerta para momentos em que você pensa de forma carnal. Reconheça os sentimentos que isso semeia em seu coração.

Ouço com frequência pessoas dizendo: "Não consigo mudar a forma como eu me sinto". É verdade, mas podemos mudar a forma como pensamos, e isso muda a forma como nos sentimos. Quanto menos alimentarmos o Espírito de Deus em nosso interior e permitirmos que Ele nos encha, mais Sua presença "murchará" em nós. Porém, louvado seja Deus, o oposto também acontece. Quanto mais alimentarmos o Espírito de Deus e cedermos ao Seu controle, mas Sua presença nos preencherá e nos saciará com Sua vida e paz.

17 DE DEZEMBRO

Pois eu os plantarei ali com as próprias mãos,
para manifestar minha glória.

ISAÍAS 60:21

O objetivo da nossa jornada rumo à libertação se resume em trazer glória a Deus. Cristo veio para libertar os cativos a fim de que pudéssemos ser os ramos plantados por Ele em justiça, a obra de Suas próprias mãos.

Será que as pessoas olharão para nossa vida e dirão que somos demonstrações do esplendor divino? Talvez. Entretanto, com frequência descobriremos que os outros não compreenderão nossa liberdade e até nos desprezarão pelo que fizemos e de onde viemos. Não podemos esperar que os outros nos percebam como Deus nos vê! Se é assim, quem olhará para os cativos agora libertos e reconhecerá imediatamente a beleza gloriosa da Sua presença em nós? Acredito que será o próprio Deus.

18 DE DEZEMBRO

Feliz é quem confia no Senhor [...].
É como árvore plantada junto ao rio.
JEREMIAS 17:7,8

Ser uma árvore não é tão ruim quando você foi plantada pelo Senhor para o propósito declarado de expressar o Seu esplendor. Assim como Moisés, cuja face brilhava com a glória de Deus conforme Êxodo 34, a vida de um cativo que foi liberto irradia o esplendor de Deus. Será que isso deveria nos surpreender? Qualquer prisioneiro que vitoriosamente tornou a liberdade em Cristo uma realidade nesta vida investiu muito mais do que uns poucos minutos na presença de Deus.

Se aceitou caminhar um quilômetro a mais com Deus e fazer o que fosse necessário para ser livre, você é alguém em quem Deus pode se alegrar. Ele está tão orgulhoso de você, pois você é uma representação viva e visível da beleza arrebatadora do Pai.

19 DE DEZEMBRO

*Digno é o Cordeiro que foi sacrificado
de receber poder e riqueza,
sabedoria e força, honra, glória e louvor!*
APOCALIPSE 5:12

Deus escolheu um nação para ser chamada pelo Seu nome, para abençoar todas as outras nações enviando por meio dela o Messias. Os israelitas literalmente era o povo com o nome de Deus, chamados como nação para demonstrar a posição notável e específica do único e verdadeiro Deus mediante a vida deles.

O nome que costuma ser usado para se referir a nós e nossa crença espiritual é cristão. Somos o povo que carrega o nome de Cristo. Semelhantemente, Deus nos chama para revelar a posição notável e específica de Seu unigênito Filho em nossa vida. Somos chamadas a carregar a marca de Sua singularidade inigualável e proclamar Sua honra, autoridade e caráter.

20 DE DEZEMBRO

À noite eu te procuro, ó Deus;
pela manhã te busco de todo o coração.

ISAÍAS 26:9

Sem dúvida alguma, quanto mais se conhece Deus, mais se *deseja* conhecê-lo. Quanto mais tempo se passa com Ele, mais se anseia por Ele.

O anseio descrito em Isaías 26:9 brota no coração e na alma de quem conhece verdadeiramente a Deus. Alguém que pode dizer: "Eu te vi em teu santuário e contemplei teu poder e tua glória" (SL 63:2).

Pessoas que conhecem bem a Deus querem que Ele seja bem conhecido. Ninguém tem que forçar alguém que é próximo de Deus a ser uma testemunha viva. Ao contrário, aqueles que conhecem verdadeiramente o nome do Senhor (e tudo o que isso implica) sempre desejam que outros o conheçam também.

21 DE DEZEMBRO

Toda a glória seja àquele que é o único Deus,
nosso Salvador por meio de Jesus Cristo,
nosso Senhor. Glória, majestade, poder e autoridade
lhe pertencem desde antes de todos
os tempos, agora e para sempre! Amém.

JUDAS 1:25

Se eu permitisse, a minha motivação para estudar a Bíblia e orar poderia ser toda centrada em mim.

"Resolve minhas circunstâncias, Senhor."

"Usa-me poderosamente, Senhor."

"Guia-me hoje."

"Abre um caminho para mim."

"Torna-me bem-sucedida, Senhor."

Se a minha motivação para me relacionar com Deus for aquilo que Ele pode fazer por mim, então o desejo pelo Seu poder poderá crescer, mas não o anseio pela pessoa do Senhor. Deus deseja profundamente atender as nossas petições, porém a Sua maior alegria é ouvi-las dos lábios daqueles que desejam a Sua presença mais do que quaquer coisa que Ele possa conceder.

22 DE DEZEMBRO

*Se vocês realmente me conhecessem,
saberiam quem é meu Pai. Mas, de agora
em diante, vão conhecer e ver o Pai.*

JOÃO 14:7

Se conhecer a Deus não é sua principal motivação para orar e estudar a Bíblia, não quero de forma alguma fazê-la se sentir culpada. Meu objetivo é despertar essa consciência em você. A consciência é sempre o primeiro passo para a liberdade.

De fato, foi exatamente essa consciência que me motivou nos meus quase 30 anos a começar a pedir a Deus para conhecê-lo e me dar um coração que o amasse acima de qualquer coisa em minha vida. Não tenho palavras ou espaço para explicar a transformação que ocorreu, naquela época, a partir dessa petição. Até hoje, isso é o que mais peço a Deus repetidamente em meu favor. Mais do que qualquer coisa nesta Terra, eu rogo para conhecê-lo.

23 DE DEZEMBRO

Mas eu castigarei a nação que os escravizar e,
por fim, eles sairão de lá com grande riqueza.

GÊNESIS 15:14

Quando Deus liberta Seu povo, eles nunca saem somente com a roupa do corpo! Os israelitas eram escravos empobrecidos, mas quando Deus os libertou, saíram com as riquezas dos egípcios.

E quanto a você? Saiu do Egito — do seu tempo de escravidão — com despojos do inimigo? Você já deu aquele golpe certeiro no inimigo permitindo a Deus que a liberte do cativeiro com o dobro do que você era quando entrou nele? O que Deus concedeu à nação de Israel de forma palpável, Ele quer nos conceder espiritualmente. Ele deseja que saiamos de nosso tempo de cativeiro com "grande riqueza".

24 DE DEZEMBRO

Assim, os israelitas tomaram para si
as riquezas dos egípcios.
ÊXODO 12:36

Você não precisa sair do seu tempo em cativeiro com as mãos vazias. Depois de tudo o que o inimigo lhe fez passar, pegue os seus despojos! Permita que Deus a conduza à liberdade com ouro, prata e pedras preciosas — mais forte do que nunca, na verdade, porque em sua fraqueza Deus se mostrou forte — uma ameaça ao reino das trevas que Satanás jamais imaginou que você seria!

Não apenas recupere o terreno que você havia cedido. Deus quer alargar suas fronteiras e ensinar-lhe a possuir terras que você sequer sabia que existiam. Faça o inimigo pagar por ter armado contra você tão odiosamente.

25 DE DEZEMBRO

Que o Deus que nos dá sua paz
esteja com todos vocês.
ROMANOS 15:33

Um dos benefícios de nossa aliança e relacionamento com Deus é experimentar a Sua paz — a paz do Príncipe da Paz encarnado cujo nascimento celebramos hoje.

Como será que a paz de Deus se mostra mais bela em nossa alma? Quando será que a paz se torna um chamariz do esplendor de Deus? A paz é o fruto da justiça que experimentamos quando somos obedientes às Suas ordenanças. É o produto de habitarmos em Seu vinhedo — a forma pela qual o vinho da alegria flui em nossa vida. Hoje, ao se prostrar em adoração, que você possa encontrar paz e alegria no Filho da promessa.

26 DE DEZEMBRO

Vocês eram como ovelhas desgarradas, mas agora voltaram para o Pastor, o Guardião de sua alma.

1 PEDRO 2:25

Quando eu ainda era pecadora, Cristo morreu por mim. Ele escutou os gemidos da minha escravidão autoimposta, olhou para minha feiúra e chamou esta escrava à liberdade. E houve algum despojo? Você está diante dele neste exato momento. Este livro, qualquer que seja seu valor, não é nada além de despojo. Cada linha é o que Deus me permitiu carregar dos meus períodos de humilhação no Egito.

Eu merecia ser deixada em uma prateleira qualquer e esperar pacientemente a vida passar até chegar à glória do Céu. Mas ao invés disso, Deus escolheu me ensinar através do que Satanás havia usado para me derrotar. Como poderia deixar de devolver minha vida a Deus? Ele é a única razão pela qual eu sobrevivi e floresci!

27 DE DEZEMBRO

Ele tomará nosso frágil corpo mortal
e o transformará num corpo glorioso como o dele.
FILIPENSES 3:21

Oro para que você já tenha percebido o despojo que tomou do inimigo quando Deus a libertou de seu tempo de escravidão. Deixe com o Senhor as suas falhas. Renda a Ele seus momentos mais terríveis no cativeiro, suas derrotas mais humilhantes. Deus, e somente Deus, pode usá-los para torná-la uma guerreira duas vezes mais forte do que você jamais imaginou que seria.

Seja como os israelitas, que reinvestiram o que tomaram dos egípcios oferecendo tudo a Deus — o Deus que aproveita simples pães e peixes e os multiplica para alimentar multidões — o Deus que garante um retorno fabuloso. Reinvista nele tudo o que você tomou dos seus feitores!

28 DE DEZEMBRO

É melhor viver humildemente com os pobres
que repartir o despojo com os orgulhosos.
PROVÉRBIOS 16:19

Certa vez, eu estava em um vilarejo indiano, onde um esgoto a céu aberto corria próximo a mim, e falava a quatro mulheres com o apoio de uma intérprete. Eu toquei a face delas e lhes disse que eram lindas, que Deus as enxergava com grande dignidade e honra. Como princesas. Em poucos minutos, muitas outras mulheres se juntaram àquelas quatro. Elas choravam, seguravam meu braço e estavam dispostas a fazer qualquer coisa para receber o maravilhoso Salvador.

O que Deus usou para provocar tal elo entre aquelas mulheres e eu? Uma lembrança clara de minha antiga opressão e vazio. Na face delas, eu via meu próprio rosto. E na face do Senhor, eu via a única esperança para todas nós.

29 DE DEZEMBRO

Encheu de coisas boas os famintos
e despediu de mãos vazias os ricos.

LUCAS 1:53

Ah, oro para que cada uma de nós descubra a gloriosa satisfação que há em Cristo. Porém, quando isso acontece, precisamos encontrar um lugar para despejarmos o que transborda em nossa vida.

Os prisioneiros que foram realmente postos em liberdade são, sem sombra de dúvida, as pessoas mais compassivas do mundo. São pessoas que não consideram os demais como inferiores, visto que elas próprias, por certo período, também viveram na sarjeta.

A alma satisfeita é a mais bela amostra do esplendor de Deus quando se dispõe a derramar-se em favor da vida e das necessidades de outros.

30 DE DEZEMBRO

Por causa dele, deixei de lado
todas as coisas e as considero menos que lixo,
a fim de poder ganhar a Cristo
FILIPENSES 3:8

Só o pensamento de ter que batalhar ao longo da nossa jornada pela vida é exaustivo. Você consegue imaginar algo mais árduo do que acordar tendo que vencer todo dia? Talvez, eu conseguisse fazer isso quatro dias na semana, pois nos outros três talvez desejasse apertar o botão soneca e voltar a dormir. Tem que haver uma opção melhor.

E há! Deus não deseja que o nosso objetivo seja simplesmente vencer, mas sermos vitoriosas em Cristo. Mais do que buscar derrotar o inimigo, busque Aquele que se opõe a ele! Mais do que buscar a vitória, busque o Vencedor! Apegue-se ao Senhor pelo bem da sua vida, e tenha certeza de que Ele caminha para a vitória!

31 DE DEZEMBRO

Pois és meu esconderijo; tu me guardas da aflição
e me cercas de cânticos de vitória.

SALMO 32:7

Por um momento apenas, não quero que você pense em quão longe precisa ir. Pense no quanto você já caminhou enquanto oro as palavras do Salmo 32:7 sobre você: *Que Deus seja seu esconderijo; que Ele a proteja da aflição, e que Ele abra seus ouvidos espirituais para ouvir atentamente enquanto Ele a cerca de felizes cânticos de vitória.*

Ajoelho-me em honra a Deus e à sua vida. Você, minha companheira de peregrinação, é uma manifestação do esplendor do Senhor. Que Ele rompa cada vínculo do mal que a escraviza e resplandeça Sua luz salutar de libertação sobre o seu rosto.